パーフェクトレッスンブック

サッカーの教え方、教えます！

戸田智史
（東京武蔵野シティFC U-15監督）

PERFECT LESSON BOOK

はじめに

サッカー未経験でも子どもに教えられる

この本のコンセプトは、タイトルのとおり「サッカーの『教え方』を教える」というものです。子どもがサッカーをやっているけれども、自分はサッカーをやったことがない。だから、うまく教えられる自信がない。そんな人は意外と多いのではないでしょうか？

サッカー少年団などでは、お父さんコーチが多いので、自分の子ども以外に教える場面もあるでしょう。そんな時に、何を言ってあげればいいのか、どんな練習をさせればいいのか。不安になるのは当然だと思います。

自分はサッカー経験者じゃないからと諦める必要はありません。子どもたちをうまくしてあげたい、新しいことを学びたい、という気持ちが何よりも大事です。

ぜひ、私がチームやスクールでたくさんの子どもたちに教えてきた中で気づいた「サッカーがうまくなるためのポイント」を、みなさんの指導に生かしてください。

ただし、子どもによって性格も違うし、年齢によって教えられる内容も変わります。それぞれの子どもと向き合いながら、アドバイスをしてもらえたらと思います。

12

個人練習でグングンうまくなる!

この本の章立てはパス、コントロール、ドリブル&フェイント、コンタクトスキル、ヘディング、シュート、コンビネーションという順番になっています。

ボールとの関わりから、人との関わりまで、サッカーをするうえで必要な技術、その練習方法を紹介しています。

チーム練習以外の時間でも個人練習でレベルアップできるように、1人用の練習メニューもたくさん掲載しています。また、コーチやお父さん、お母さんがサポートしてあげる2人用の練習メニューも何個も入っています。

また、GKコーチの監修でポジショニング、キャッチング、セービング、キック、スローなどGKの基本技術をまとめているので、「GK入門編」としても活用できるはずです。

私が練習メニューをつくる時に考えているのが、「どうやったら楽しくなるか」ということです。ゲーム的な要素や、笑いの要素も盛り込んで、楽しみながらサッカーに必要なことを身につけてほしいと思っています。

うまくなるためには本人の努力はもちろん、コーチや親などの協力も必要になります。悩んでいる時にアドバイスをしてあげたり、個人練習に付き合ってあげたりすることができれば、子どもにとってはすごく心強いはずです。

私が最も幸せを感じるのが、子どもが今までできなかったことをできるようになって、自信をつけていくのを見ることです。この本を通じて、みなさんがそんな気持ちを味わっていただけたら、これ以上の喜びはありません。

戸田智史

Contents

PART 1 パス

PART 2 コントロール

PART 3
ドリブル&フェイント

PART 4
コンタクトスキル

PART 5

ヘディング

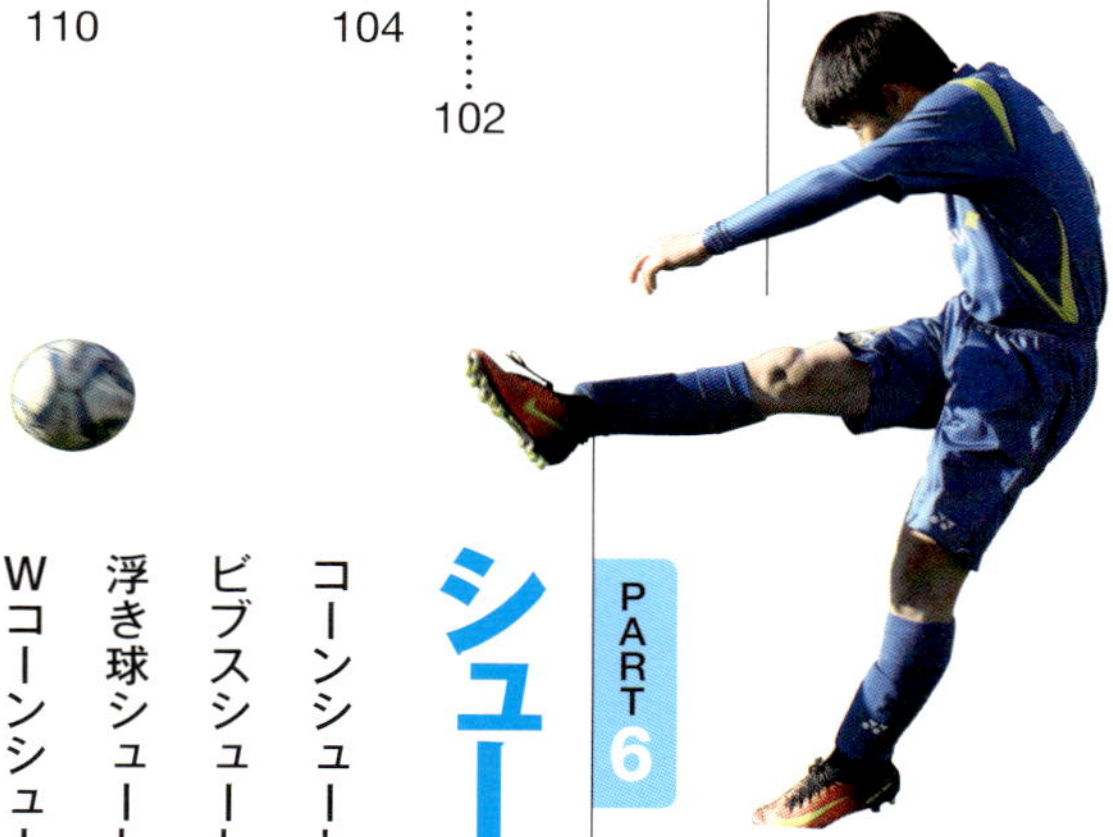

PART 6

シュート

Contents

PART 1

パス

サッカーの教え方、教えます！

Contents

パス①

正しくミートするために

足に当てる感覚を教えましょう

足に当てる感覚をつかむ

まずは自由にボールを蹴らせる。良いキックができたら、足を触りながら感覚を確かめる

チェックポイント

まずはボールを蹴る

サッカーをやったことがない子どもにサッカーボールを与えると、こちらが何も言わなくても適当に蹴り始めるはずです。なぜなら、ボールを蹴り飛ばすというのは、子どもにとってはすごく気持ちいいことだからです。最初から「インサイドキックは……」「インステップキックは……」などと蹴り方を教える必要はありません。まずはボールを蹴ることを楽しいと感じさせて、足に当てる感覚をつかんでもらいましょう。

壁に向かって蹴ってみる!

子どもの横に立ってフォームをチェックする

立ち足、ボールへの足の当て方などを子どもに伝える

チェックポイント

キックに「正解」はない

ボールを蹴ることが楽しいと感じてもらったら、今度は正しいインパクトができるように導いていきます。実は、キックには「これが正解」という蹴り方があるわけではありません。なぜなら足の形、大きさ、骨格などは人それぞれ違うからです。

練習中に子どもが良いキックをしたのを見つけたら、「今はどこに当たった?」と足を触りながら聞いてみましょう。

うまく蹴れた時の足にボールが当たった感覚を覚えておいて、それを再現できるように何度も繰り返し蹴ります。そうやって、子ども自身にインパクトポイントを見つけさせましょう。

ボールのどこを蹴れば、どう飛ぶかを教えましょう

キックの種類を増やすために

転がす

インサイドキックはボールをピッチで転がすイメージ。土踏まずの上にある骨のあたりにボールを当てることを意識しよう

まっすぐ

インステップキックはまっすぐにボールを飛ばすイメージ。足の甲の真ん中を力強くボールに当てることを心がけよう

チェックポイント

スパイクで見て確認

主にキックにはインサイドキック、インステップキック、インフロントキック、アウトサイドキックの４種類があります。ただ、そう言葉で説明してそれぞれのキックをデモンストレーションして見せても、子どもはなかなかイメージすることができません。

そういう時、私はスパイクを脱いで、実際にどの部分に当てるかを子どもに見せながら確認させ、目で理解させるようにしています。

スパイクを脱いで見せよう

浮く

インフロントキックはボールを浮かせるイメージ。足の内側にある硬い骨のあたりでボールを蹴り込む感じで足を振ろう

外に

アウトサイドキックは外にボールを押し出すイメージ。小指の付け根にある硬い骨のあたりでボールを捉えると良い

どこに当てる?

チェックポイント

生足でも確認させる

スパイクを使ってどこに当てるかを目で見せると、子どもの頭の中でイメージができます。さらにそのイメージを感覚として持たせるため、私は子どもの足を触りながら確認します。インサイド、インステップ、インフロント、アウトサイドとそれぞれのキックのインパクトポイントを軽く手で押さえながら確かめてあげると感覚で理解できます。

足を触って得た感覚的なスイートスポットと、目で確認したスパイク上のインパクトポイントを、子どもの頭の中でリンクさせることができれば、その後にミスキックをしても自分自身で簡単に振り返ることができるようになります。

パス③

全身を使って蹴ることを教えましょう

力強いキックをするために

実際に子どもの手を操って左手を1時、右手を8時の方向に動かし、少し後ろに巻き上げてみると反動がつくのがわかる

チェックポイント
手をうまく使おう

小学生くらいだと力が弱くボールが飛ばないと思っているかもしれませんが、全身を使えば力強いボールを蹴ることができます。ポイントになるのは〝手の使い方〟です。

たとえば右足で蹴る時、左手を後ろに振り上げます。すると、その反動で右足を大きく後ろに振り上げることが可能になります。同時に大切なのは右手の位置です。時計をイメージし、左手は1時の方向、右手は8時の方向を意識させましょう。

踏み込む時に手を時計の針のように1時と8時の方向に広げ、後ろにグーッと反らし、反動をつける

インパクトの瞬間はその反動でおへそのあたりを中心にギュッと雑巾のように絞り、ボールを蹴る

蹴り足は無理に動きを止めることなく動きのままに、立ち足もブレーキをかけず自然に前へ運ぶ

チェックポイント

反動をつけて体を絞る

よく手と足は連動していると言いますが、そのとおりです。ボールを蹴る動作では、体にひねりが加わっています。ボールを蹴る瞬間に、手を大きく後ろに巻き上げたら、同時に蹴り足である右足も後ろに引き上げられます。その反動を利用し、おへそのあたりを中心にギュッと雑巾を絞るようなイメージを持つと全身の力がボールに伝わります。

時計をイメージするように手の方向をアドバイスしたのは、そのギュっと絞る力をうまくボールに伝えるためです。蹴り足と同じ側の手が真下や真横を向いていると、体全体を上手にギュッと絞ることができません。

パス④

正しい立ち足の置き方を教えましょう

まっすぐボールを飛ばすために❶

まずは止まっているボールに対してグー１個分の距離を空け、立ち足の距離感をつかませよう。何度かボールを蹴って、一番蹴りやすいのが自分の立ち足の位置

○ 良い例

写真を見ると、立ち足で大切な２つのポイントがよくわかる。つま先をまっすぐに向ける、ボールとグー１個分離す。これができたら力強いボールが飛ぶ

チェックポイント

立ち足が最後の仕上げ

私は全身の力をボールにうまく伝えるには〝立ち足の位置〟が重要だと考えています。ポイントは２つあります。

１つ目が一番大切なのですが、立ち足とボールとの距離です。立ち足とボールとの間にグー（拳）１個分が入るぐらい空けるのがベストです。２つ目はつま先を蹴りたい方に向けること。つま先が外側を向いていると、ボールをまっすぐに押し出すことができません。

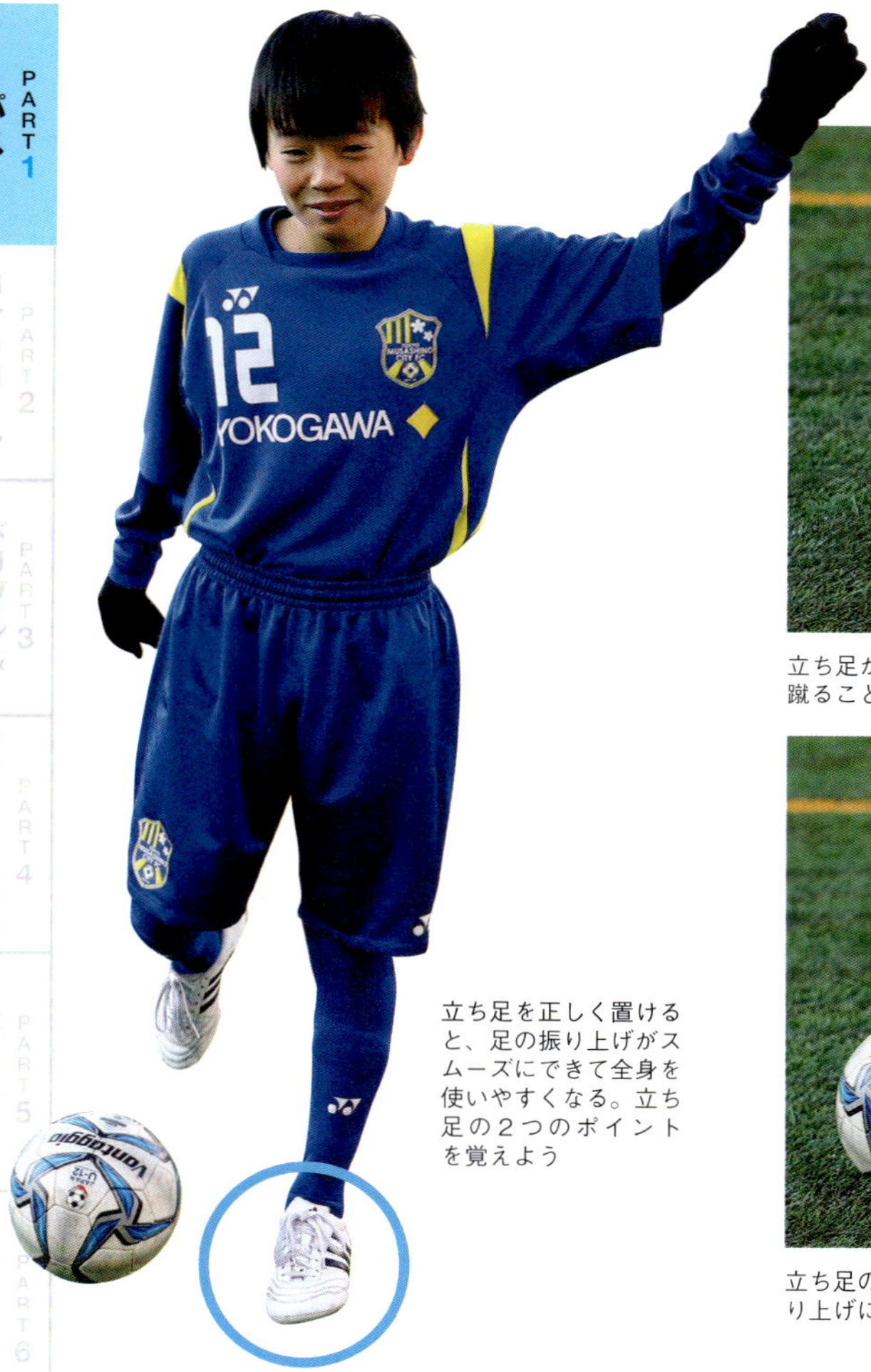

立ち足を正しく置けると、足の振り上げがスムーズにできて全身を使いやすくなる。立ち足の２つのポイントを覚えよう

×悪い例

立ち足がボールにくっついている。これだとボールを蹴ることが窮屈だし、全身を使うことが難しくなる

立ち足のつま先が外側を向いている。これだと足を振り上げにくく、さらにボールも捉えにくい体勢になる

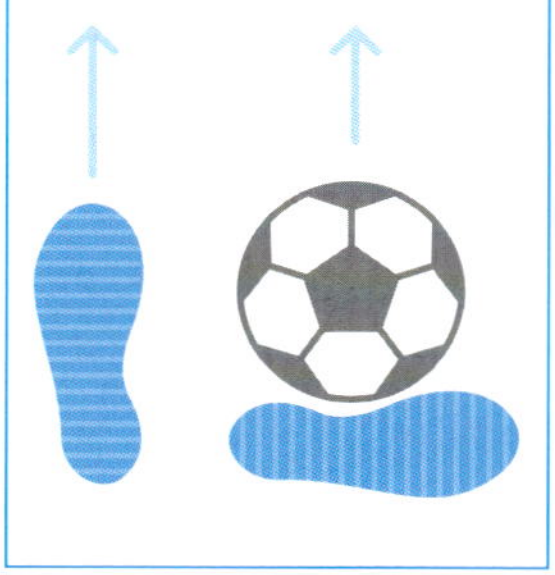

上から見ると

チェックポイント

ためた力が伝わらない

立ち足はボールを蹴るまでの一連の動作において最後の総仕上げの役割を担っています。立ち足をうまく添えられないと、ボールに伝わる力が半減してしまいます。

悪い例のように立ち足がボールに近すぎたり、立ち足のつま先が外側に向いたりすると、せっかく全身を使って体にため込んだパワーをボールに伝えることができません。

正しいつま先の位置を教えましょう

まっすぐボールを飛ばすために❷

良い例では、ボールの中心がおへその下に来ている。体の軸もまっすぐで、ボールとの中心線が一直線に伸びていることがわかる

悪い例は体が後ろに倒れ、ねじれている。そのため、ボールも斜めに向かって飛んでいる。目線も上がり、ボールの行方を追えない

チェックポイント

おへそと蹴り足が大事

基本的にまっすぐボールを飛ばすには「インステップキック」を使います。P14〜15で足の甲の真ん中をボールに当てるようにと言いましたが、それに加えてポイントが2つあります。一つは、ボールの中心がおへその下に来ることです。だからといって、おへそをボールに向けるのではなく、おへそは蹴りたい方に向けましょう。もう一つはボールを捉えた後、蹴り足を蹴りたい方向にそのまま出すことです。

おへそはボールの真上に
つま先は蹴り出す方向に！

おへその下にボールの中心が来るように踏み込む。その時、立ち足の向きは蹴りたい方へ向けているかを意識しよう

チェックポイント
左右前後に倒れない

なぜ、おへその下にボールの中心が来るように踏み込むのかというと、おへそは体の中心にあるからです。つまり、体の軸が蹴りたい方向からブレなければ左右にボールがずれることが少なくなります。

たとえば体が横に倒れてしまうと蹴りたい方向と目線がずれてしまい、蹴り足もボールに対して斜めに角度がついてしまって方向が定まりません。また体が後ろに倒れてしまうのも一緒で、目線がずれたらそれだけ蹴る方向に合わせにくくなります。蹴り足をそのまま蹴りたい方向に出すと言いましたが、イメージとしては「蹴った後もそのまま蹴りたい方向に走り続ける感じ」です。

遠くに飛ばす蹴り方を教えましょう

ロングボールを蹴るために

○良い例

手は時計をイメージ

手は時計の1時と8時の方を向けるイメージ。蹴り足もしっかりと後ろに振って勢いをつける

×悪い例

アゴが上がっている

最初からボールを遠くに飛ばそうという意識が強すぎて目線が上がり、アゴが上がっている。これだと全身に力をためられない

チェックポイント

ボールを叩くイメージ

試合中にボールを遠くに飛ばす場面と言えば、ロングフィードがイメージできると思います。

ロングフィードは足を思い切り振り抜かないと蹴れないと思っている人も多いですが、私は選手たちに足を思い切り振り抜くというよりは「ボールを叩く」というイメージだと伝えています。

しっかりとボールの真ん中を足の甲で叩くように蹴れば、ボールは自然と遠くに飛んでいきます。

蹴り足をそのまま前に

おへそを中心に上半身を絞る。その勢いを止めると力が半減するので、蹴り足はそのまま前に出す

ボールをしっかり叩く

インパクトの瞬間に足の甲の真ん中がボールを叩いているのがわかる。1枚目よりも手の位置が前に出ているのもポイント

蹴り足が前に出せない

1つ前のシーンと連動するが、体が後ろに倒れると蹴り足が前に出せない。これでは体にブレーキをかけているのと同じ

体が後ろに倒れる

インパクト時に、体が後ろに倒れてしまっている

チェックポイント

顔やアゴを上げない

ボールを遠くに飛ばそうとすると、蹴る瞬間もついつい遠くを見てしまって顔が上がりがちです。そうすると、体が後ろに倒れて力が入りません。どんなに遠くを見たとしてもボールが遠くに飛ぶわけではありません。それは悪い例を見たら一目瞭然です。アゴが上がると、蹴り足を前に出せず、ブレーキがかかってパワーが出せません。

良い例を見てもらえば、全身を使ってボールにパワーを伝えていることがわかるでしょう。P16〜17「全身を使って蹴る」で学んだように最初に反っていた上半身が、蹴った後はおへそを中心に縮まっているのが見てとれます。

パス⑦

カーブをかける蹴り方を教えましょう

フリーキックを蹴るために

ボールに対して斜め45度くらいから助走をつける

蹴り足の足首を少し斜めから入れ込んでインパクト

ボールを「こすり上げる」ようなイメージで蹴る

チェックポイント

ボールをこすり上げる

カーブをかける蹴り方は「遠くに浮いたパスを送る」イメージをするといいと思います。

子どもたちには少し斜めから助走をつけ、ボールをすくい上げるのではなく、「こすり上げる」イメージで蹴ってみようとアドバイスしています。この時、どうしてもボールを浮かせる気持ちが出すぎてボールの下の方を蹴ってしまいがちですが、それはNGです。ボールの中心をしっかりと蹴りましょう。

腰をひねる

足をボールに当てるというよりは擦り上げて体を「ねじる」イメージ。おへそを中心に雑巾のようにギュっと絞る

足首は斜め

インパクトの瞬間は、ボールに対して足首から下を斜めに当てるイメージ。そこからボールを擦り上げるという流れ

チェックポイント

フォロースルーが重要

遠くに浮いたパスを出すというと、ボールをすくい上げるようなイメージを持ってしまいますが、その蹴り方だと逆効果でボールは浮かないし、遠くに飛びません。

すくい上げるような蹴り方ではアゴが上がり、ボールのミートポイントがずれるうえに、体が後ろに反ってしまうため、全身にためた力が半減してしまうからです。

またカーブを蹴るには〝フォロースルー〟が大事です。お手本の写真では蹴った後に蹴り足が止まることなく前に出続け、立ち足のかかとが浮いているのがわかります。これは全身の勢いを止めることなくボールに伝えている証拠です。

パス⑧

両足キッカーになるために

苦手な足のキックを教えましょう

○ 右足

× 左足

どこが違うかわかる？

チェックポイント

利き足と比べて分析

苦手な足のキックは、利き足ほどうまく蹴れないのは当たり前のことです。よくありがちなのは、苦手な足で蹴るからと全身に力が入って、まるでからくり人形のようにぎこちなくなってしまうことです。

利き足と苦手な足では何が違うのか。ボールを蹴りながら比べて、ダメなところをしっかりと認識することからスタートしましょう。そうすれば、どうしたらうまくなれるのか解決方法を考えることができます。

苦手な足で蹴るコツ

+ 利き足と同じように蹴る
+ まずゆっくり蹴ってみる
+ フォームを意識して蹴る

手の位置をチェック

全身を使えているか

フォロースルーはOKか

チェックポイント

ゆっくりフォームを意識

苦手な足でボールを蹴る時は、まずゆっくりやってみましょう。利き足と同じスピードで蹴ってしまうと、どうしても「強く蹴ろう」「カッコよく蹴ろう」という意識が強くなって全身に力が入ってしまいます。

利き足よりも少しゆっくりとした動きで落ち着いてボールを蹴り、慣れてきたら少しずつスピードを上げるといいでしょう。ゆっくりであれば「何が悪いのか」も発見しやすくなります。子どもたちの苦手な足のキックを見ていると、だいたい利き足でできている基本フォームができていないことが多いです。まずは、フォームを意識して練習することから始めましょう。

PART 2
コントロール

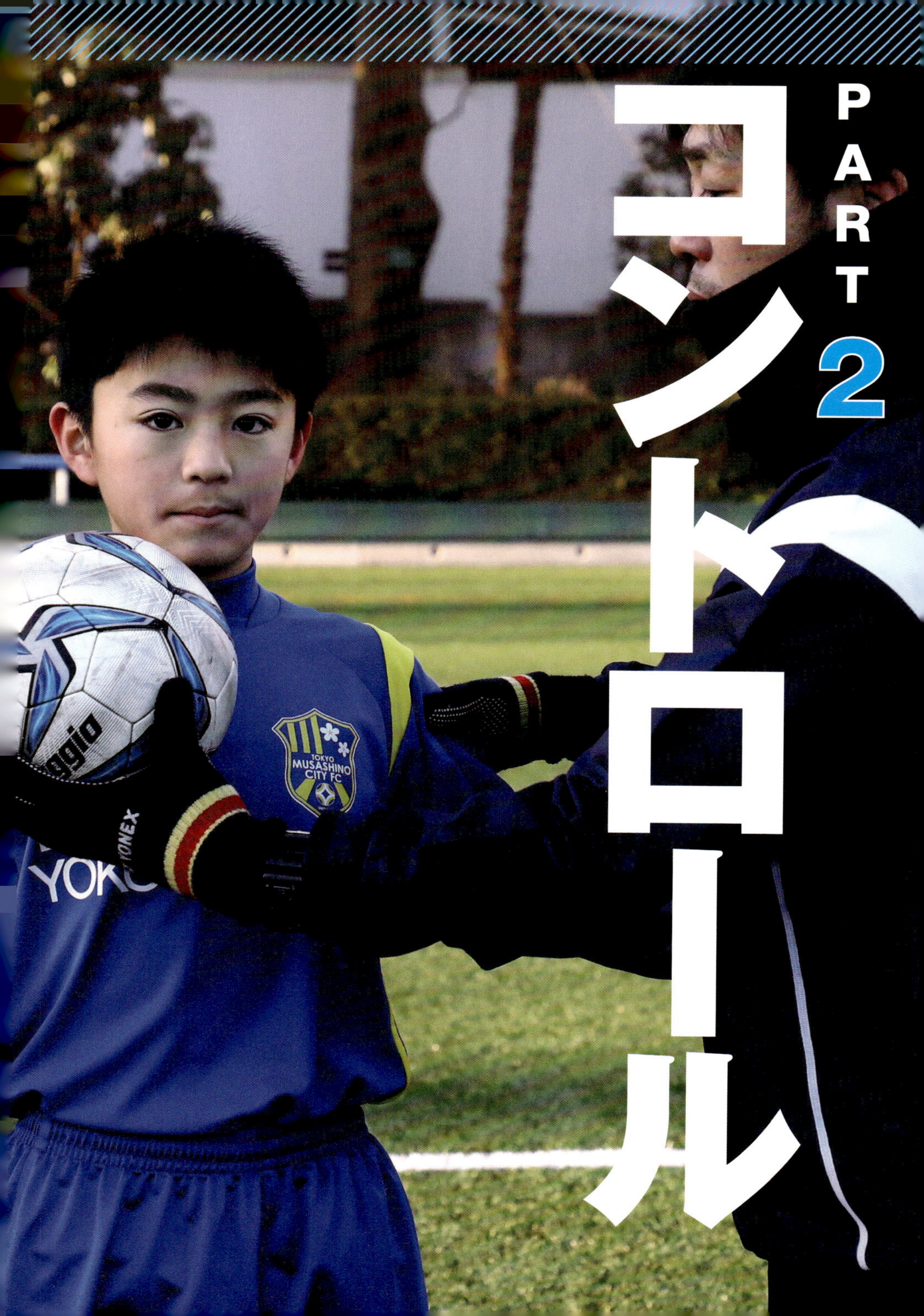

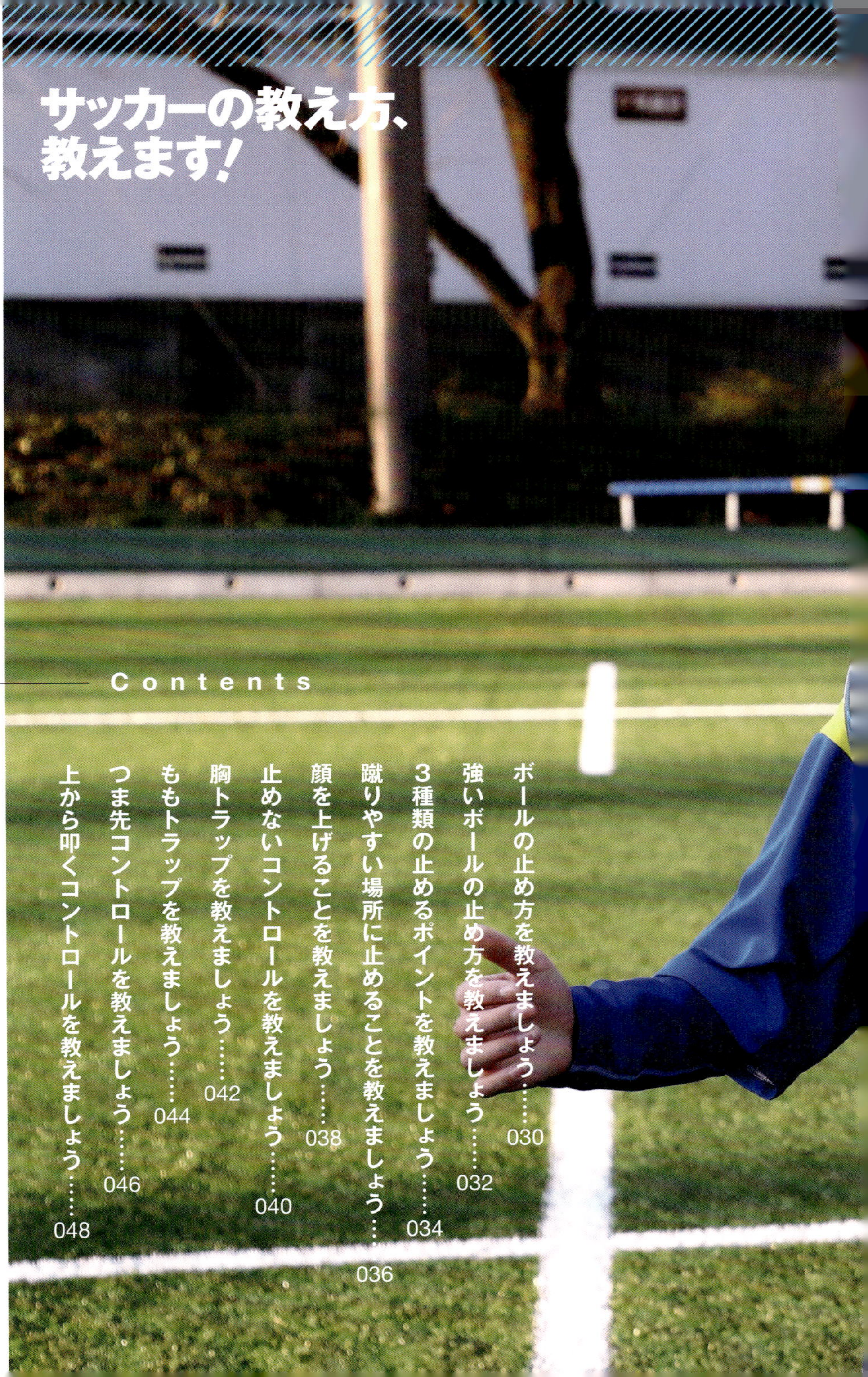

サッカーの教え方、教えます!

Contents

落ち着いてプレーするために

ボールの止め方を教えましょう

体の力を抜こう!

子どもと対面パスをする時は「体の力を抜こう!」と声をかけてあげよう

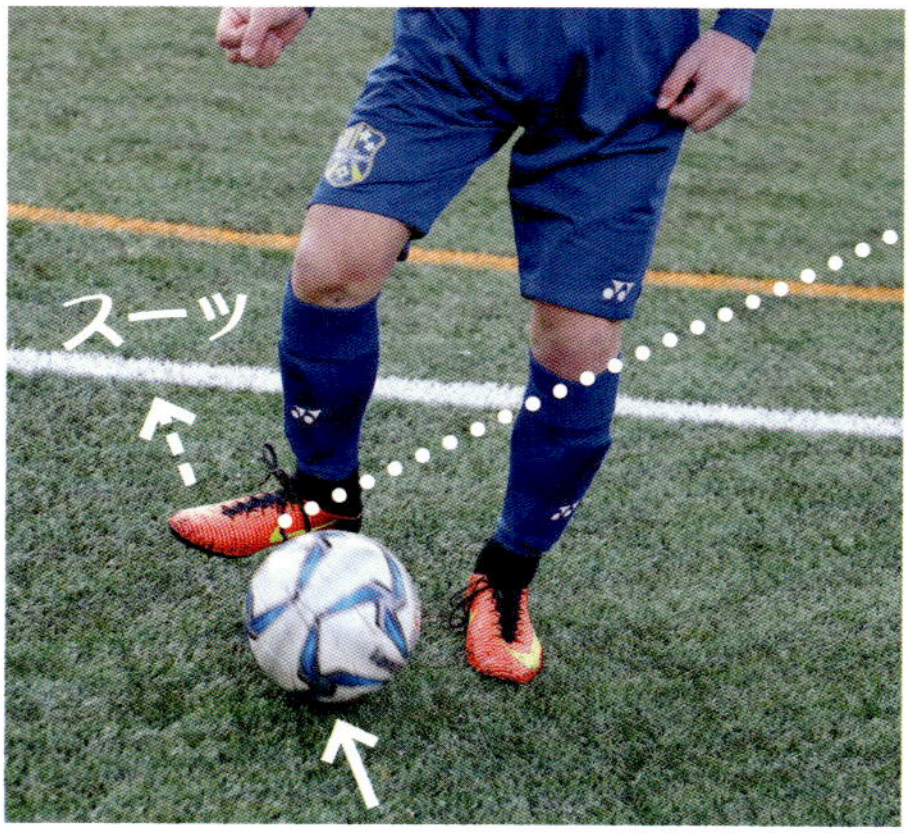

ボールの勢いを吸収する

インサイドキックの姿勢をつくり、ボールの勢いをクッションのように吸収し、ボールに合わせて止める足を引く

チェックポイント

スポンジのように吸収

「どうすればボールがうまく止められますか」という質問をよく受けます。私から子どもに言うのは「スポンジになったつもりでボールの勢いを吸収しよう」ということです。頭の中で想像してみてください。鉄板のような固いものにボールが当たったら、どうなるでしょうか。すごい勢いで跳ね返ってくるはずです。でも、柔らかいスポンジに当たったら、ボールの勢いは吸収されて止まるはずです。

○ 良い例

ボールの動きに合わせて止める足を引きながら勢いを吸収する

リラックスしてボールの動きを確認しながらしっかりと構える

× 悪い例

膝のクッションを使えていないため、ボールを弾いてしまった

ボールに対して正面に立てず、体が棒立ちになっている

チェックポイント

インサイドの体勢で

ボールを止めやすい体勢を教えましょう。それは、ズバリ「インサイドキックを蹴る時の姿勢」です。インサイドキックを蹴る時は、両足を軽く開いて、膝を軽く曲げます。こうすることで膝がクッションの役割を果たし、飛んで来たボールを優しく受け止めることができます。

なおかつ、インサイドキックは足の中で一番広い面に当てます。これはボールをコントロールする時に最適な形です。

ボールをうまく止められない子どもに「インサイドキックの姿勢をつくってみよう」とアドバイスしてあげると、驚くほどうまく止められるようになることもあります。

コントロール②

どんなボールが来ても大丈夫なように

強いボールの止め方を教えましょう

✕ 悪い例

棒立ちになっているため、ボールが蹴られた瞬間に慌ててしまう

ボールへの反応が遅れ、膝のクッションがないので止められない

チェックポイント

反応できる準備が大切

強いボールが飛んで来ると、びっくりしてコントロールミスをしてしまう……。そんな子どもには「常にステップを踏んでみよう」とアドバイスをします。プロの試合を見ていると、ボールを持っていない選手が足を小刻みに動かしていることに気づくかもしれません。あれは常にボールを受けられるように準備しているのです。では、ステップを踏むことによって、どんな効果があるのでしょうか。

○ 良い例

足踏みしているので、膝が曲がり準備ができているのがわかる

ボールのタイミングに合わせておへその下で止めることができた

常にステップを踏んでボールに反応できる準備をしておく

チェックポイント

細かくステップを踏む

強いボールをうまくコントロールできない子どもは、「棒立ち」になっていることが非常に多いです。その場にただ立っている、何の準備もできていない状態です。

棒立ちというのは、たとえるなら、スマホの電源をオフにしているような状態です。電源がオフだったら、すぐに起動しろと言われてもできません。

プレー中は常にスマホの電源をオンにしておき、いつでもつながれるようにしておかなければいけません。ボールを持っていない時であってもステップを踏んで、いつ、どこに、どんなボールが来ても大丈夫な状態をつくっておくのです。

コントロール③

3種類の止めるポイントを教えましょう

相手との距離によって変えられるように

相手が遠い

相手が遠い場合はボールを前に進められるため、ボールを前に押し出すようにトラップした方が良い

チェックポイント

足下以外に止め方がある

ちゃんとボールを止められるようになったら、相手の状況によってコントロールの種類を変える「引き出し」を増やしましょう。相手の状況には大きく3つあります。相手が遠くにいる場合、相手が近くにいる場合、相手が寄せて来ている場合、です。相手との距離感によって、どこにボールを止めれば良いかは変わってきます。私は、「3つのポイントを持とう」と子どもたちには言っています。

相手が寄せている
相手に足を出されて足下のトラップを邪魔されるため、歩幅半歩くらい後ろで止めて間をつくる
相手が近い
まずボールを奪われないように足下にトラップするのが先決。まわりを見る余裕をつくり出す

チェックポイント

敵の距離で使い分ける

上の写真では3つのコントロールを紹介しています。

最も多く使うのが、真ん中の「足下に止める」コントロールです。相手との距離が2～3メートルある時は、そこから寄せて来られても先に触れるように足下にボールをおきましょう。3メートル以上離れている時は「前に出す」コントロールをします。自分の前方にスペースがあるので、最初のタッチから前に運んでいきます。相手がこちらに寄せて来ている時は、いわば緊急事態です。その時は「後ろで止める」コントロールをします。足を引いてボールに触るポイントを後ろにずらします。

プレーのスピードを上げるために

蹴りやすい場所に止めることを教えましょう

◯良い例

蹴りやすいところに止める

✕悪い例

体から離れたところに止める

チェックポイント

次のプレーをイメージ

良いトラップをするためには、ボールの触り方はもちろん、次のプレーで何をするかを考えているかどうかが大事です。たとえば、「右足で蹴る」というイメージができていれば、右足で蹴りやすいところにコントロールしようとします。逆に、何も考えずにとりあえずボールを止めると、素早く蹴らなければいけないのにボールが体から離れてしまい、蹴るまでに時間がかかるミスにつながります。

素早くパスが出せる

ボールを利き足の斜め前に止められれば、1ステップを踏むだけで素早くパスを出せる

ボールを止めたら、立ち足をすぐに後ろに引き、素早くボールを蹴る準備をする

パスを出すのが遅くなる

足下からボールが離れてしまったので、次にパスを出すのに時間がかかってしまう

体からボールが離れると相手に奪われる可能性も高まる

チェックポイント

ストップウォッチで時間をはかる

ストップウォッチでボールを止めてから蹴るまでの時間をはかってみてもいいでしょう。そうやって目的意識を持たせると、子どもはどうすればうまくいくかを自分で考えて、工夫するようになります。足下にピタッと止めてしまうと、蹴れる場所に持ち出すという動作が入るので、ちょっと時間がかかります。あるいは体から離れたところに止めてしまうと、すぐに蹴ることはできません。

ボールをちゃんと止めつつも、それだけで満足するのではなく、次のプレーをイメージして、自分が蹴りやすい位置にコントロールする習慣をつけましょう。

相手が来ても慌てないように
顔を上げることを教えましょう

✕ 顔が下がっている

ボールに目を置くと前方約１ｍしか視野がなく、相手も見えない

〇 顔が上がっている

顔を上げたら相手がどこまでプレッシャーに来ているか確認できる

チェックポイント

顔を上げて相手を見る

試合では相手がいるため、自分をマークする相手との距離や寄せ方でボールを止める位置を変える必要があります。そのため、相手の状況を常に見られるように顔を上げておくことが大事です。顔が上がっていたら相手も容易にボールを奪いにいくことができません。ただ注意しなければならないのは、マークの相手ばかりを意識しすぎてボールをしっかり止められず、イレギュラーしてしまうことです。

× 顔が下がっている

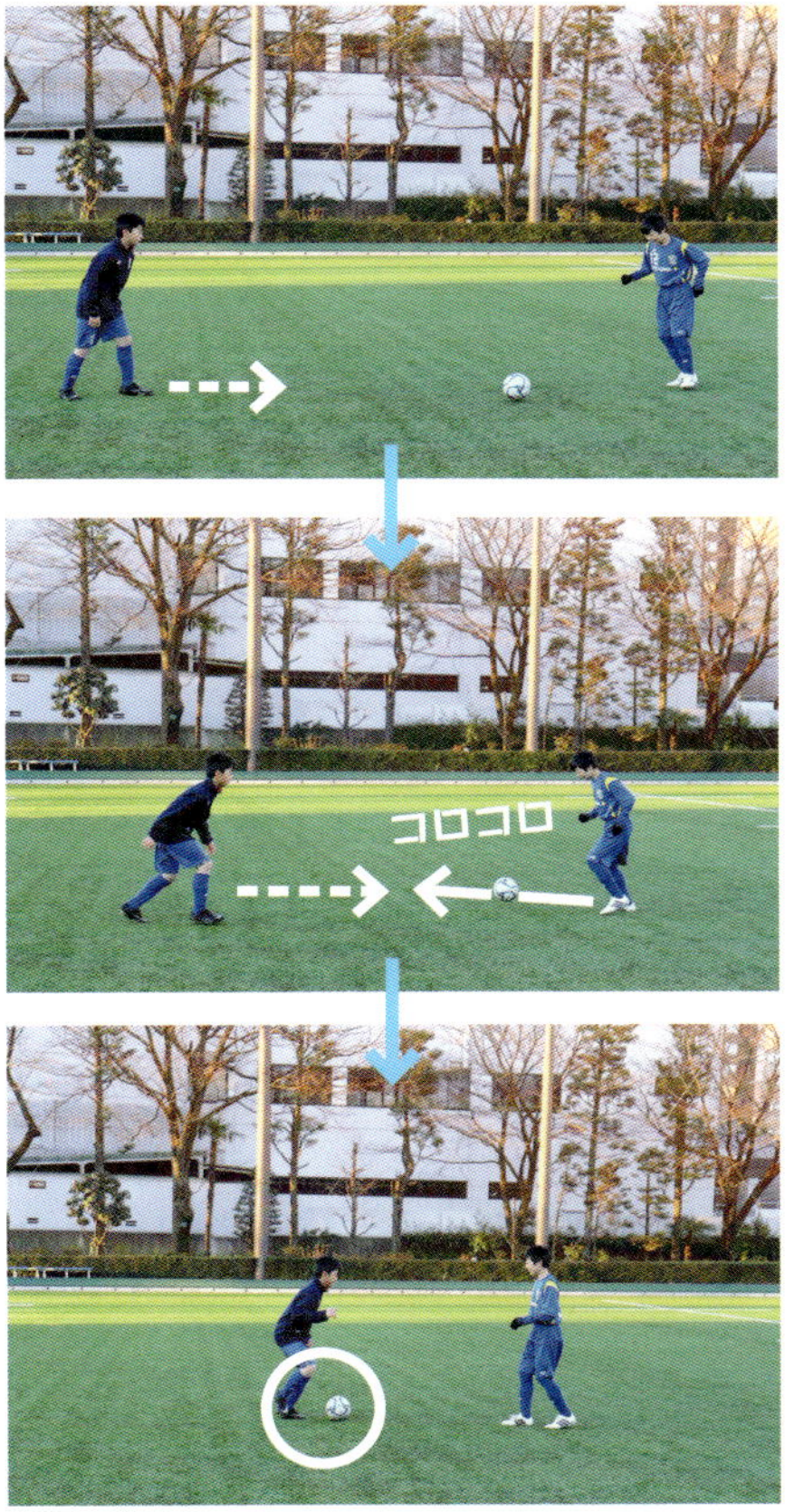

○ 顔が上がっている

チェックポイント

視野の差を理解する

相手がいるシーンで良い例と悪い例を比べると、ボールを止めた瞬間に顔が上がっているか、上がっていないかの違いがあります。

良い例では、ボールを止めた時にはすでに顔を上げて、相手をよく見ています。一方で、悪い例ではボールを止めた後も顔が上がらず、相手がどこまで迫っているのかをわかっていません。

P38の写真を見るとよくわかりますが、顔が上がった状態と顔が上がっていない状態の視野には随分と差があり、上がっていない方には相手が写っていません。ボールばかり見ている状況では視野にこれだけの差があることをまず理解しましょう。

相手をかわせるように

止めないコントロールを教えましょう

止めるコントロール

相手が奪いに来ている時に足下に止めると危ない

止めないコントロール

相手が奪いに来ている時は、トラップでボールを動かす

チェックポイント

止めない選択肢を持つ

コントロールの基本はボールを止めることです。しかし、どんな時もボールを止めるのが正解とは限りません。なぜなら、相手にとってボールをコントロールする瞬間は、ボールを奪いに行くチャンスでもあるからです。ボールを見るために下を向いて、視野が狭くなっているところで距離を詰めて、一気に奪おうとしてくる。そんな時はボールを止めないコントロールをするのも選択肢の一つになります。

練習メニュー

三角パス

ボールと相手を同一視野に入れながらパスを受ける

相手が左サイドを切ってきたので、右斜め前にボールを運んだ

ノープレッシャーの状態で味方にパスを送ることができた

チェックポイント

判断によって変える

止めないコントロールをするには、ボールが来る前に相手の状態を確認しておく必要があります。相手が寄せて来ている場合は、足下に止めると見せかけて、スペースに動かします。

相手のスピードが早ければ、ファーストタッチで入れ替わることもできます。ボールを止める→ドリブルでかわすという2ステップを1タッチで行えるので、とても効率的です。

練習メニューとしては、相手をつけた状態での3対1のパス回しがいいでしょう。味方から出されたボールを、相手の寄せ方や距離などを観察して、ワンタッチコントロールを行います。

コントロール⑦

胸の高さのボールを止められるように

胸トラップを教えましょう

○ 真ん中より外側

胸の真ん中よりも外側にある大胸筋の弾力をクッションとして生かす

× 胸の真ん中

胸の真ん中は骨しかない上に、トラップをすると痛いので避ける

チェックポイント

大胸筋をクッションに

サッカーを始めたばかりの子どもたちは、胸トラップは胸の真ん中でボールを止めるものだと勘違いしている場合があります。胸トラップは、胸の外側にある大胸筋をクッションにしてボールの勢いを吸収するのがコツです。

一度、胸を触って確認させてみてください。実際に胸の真ん中は骨しかなくてゴツゴツしているので、トラップをしたとしても壁のように跳ね返ることが想像できるはずです。

ボールを投げてあげる

コーチあるいはお父さんが優しくボールを投げてあげる

膝を曲げながらボールの勢いを吸収し、しっかりと大胸筋で止める

ボールが落下するのに合わせ、手を広げてその下に潜り込む

チェックポイント 手を広げて胸も広げる

胸トラップを失敗する理由の多くは、ボールの落下にタイミングを合わせられないことです。私は子どもに、ボールの落下と同時に「膝を曲げてボールの下に体を潜り込ませるように」と伝えています。

また同時に「手を広げる」ように言っています。なぜなら胸が広がって大胸筋で止めやすくなるからです。ボールの勢いを止めるとうまくいくのはどのトラップも同じです。胸トラップでもボールの落下に合わせて少し体を引くとボールの勢いを吸収できます。

言葉で説明してもわかりにくいので、子どもが成功イメージを持てるまで練習に付き合ってあげましょう。

コントロール⑧

膝の高さのボールを止められるように

ももトラップを教えましょう

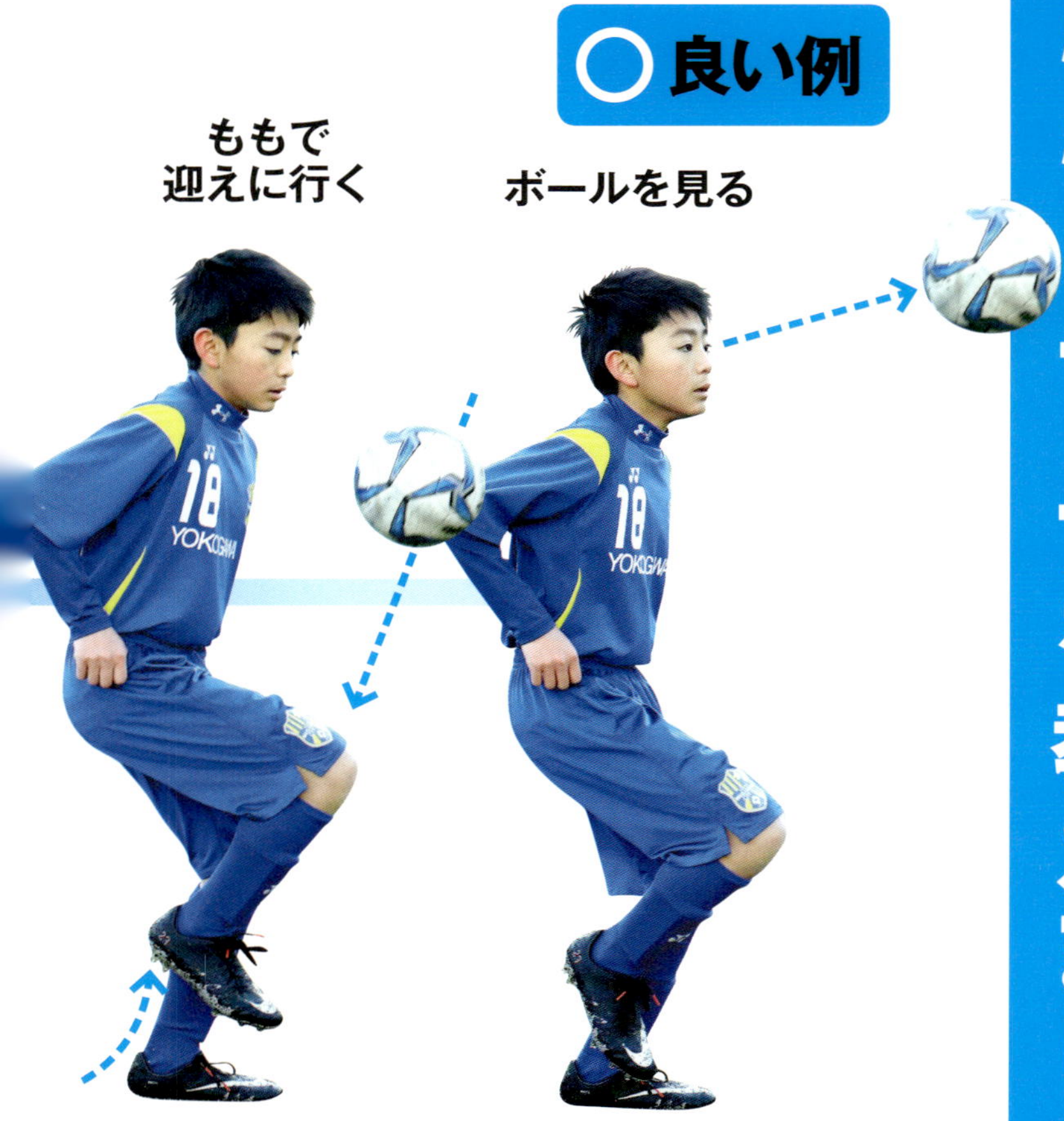

ボールの落下に合わせてももを潜り込ませる

ボールをよく見て膝を曲げて待ち構える

チェックポイント

足下にボールを落とす

ももトラップは浮き球コントロールの一つです。一番大切なのは「ボールを下に落とす」イメージを持つこと。リフティングで、ももを使う時はポンと上に弾くイメージがあるかもしれませんが、実戦では素早く足下にボールを収めることが先決です。その方が次のプレーに素早くつなげることができます。

もものリフティングはボールを扱う感覚をつかむものとして、ももトラップとは切り離して考えましょう。

×悪い例

跳ね上げる

落下するボールに対してももを上げているため、ボールを跳ね上げてしまっている

ボールを下に落とす

足を引いて吸収する

ボールはそのまま足下に落とす

ボールの勢いを吸収するように足を引く

チェックポイント

ボールに合わせる

ももトラップも胸トラップと同じように浮いたボールを処理するテクニックなので、ボールの落下に合わせて、タイミングよくももを潜り込ませることが大事です。

ボールが近づいてきたら、ゆっくり足を上げて、ももをクッションのようにしてボールの勢いを吸収し、足下にボールを落とすのがももトラップの流れです。

悪い例のように、ボールの落下に合わせるようにももを上げるとボールを跳ね上げてしまいます。棒立ちになった状態でトラップはうまくいきません。クッションのようにボールの勢いを吸収するには、膝を柔らかく保つことが基本です。

コントロール⑨

浮き球を足元に止められるように

つま先コントロールを教えましょう

つま先に乗せて落とす

膝を柔軟にし、インステップの部分でボールを待ち構える

卵を足に乗せるようなイメージで受け止める

膝を優しく曲げながら、ボールの勢いを吸収し足下に落とす

チェックポイント

卵を乗せるように

浮き球をコントロールしようとしているところに、相手が寄せて来ている——。ボールを体から離せば奪われてしまう可能性があります。そんな時は「つま先コントロール」で、ボールを足下に止めましょう。ポイントはつま先にボールを乗せて、そのまま足下に落とすことです。繊細なコントロールが必要になるので、私は「卵を乗せているつもりで扱おう」と子どもたちにアドバイスしています。

相手をつけてやってみよう

パス役が高くボールをあげたら相手役がボールを見ながらプレスにいく

クッションコントロールをする子どもはまずボールに集中しよく見る

卵を乗せるようにボールの勢いを吸収して足下に落とす

この時、相手がプレスに来ているから相手にも意識を向ける

チェックポイント

相手をつけてやる

まずは自分でボールを浮かせて、つま先でコントロールする時のタッチの強さや、足の動かし方を覚えます。ポイントは立ち足の膝です。膝を柔らかく曲げることによって、浮き球を受け止めやすくなります。

つま先コントロールができるようになったら、相手をつけてやってみましょう。フリーだとうまくできるのに、相手がいると焦ってしまってミスをしてしまう子どもは多いので、練習から試合と同じ状況をつくることが重要です。

プレッシャーのある中で、ピタリと足下にボールを収められるかどうか、自分なりに確認しながらやってみましょう。

コントロール⑩

バウンドしたボールを止められるように

上から叩くコントロールを教えましょう

ボールに足をかぶせる

ボールに膝をかぶせるようなイメージ

バウンドした瞬間にボールを上から叩く

そのまま動きを止めずにボールと一緒に進む

チェックポイント

ボールを「叩く」イメージ

コントロールの中でも、コツが必要なのがショートバウンドです。ショートバウンドとは、浮き球が落下して、小さく跳ね上がった状態のことです。ボールがバウンドした瞬間に、膝をかぶせるようにして、インサイドに当てます。ボールを「叩く」イメージといってもいいかもしれません。タイミングをうまく合わせないと、ボールに触れなかったり、変なところに当たったりして、ミスになってしまいます。

何度もやってコツをつかもう！

体全体でボールを覆うような気持ちでバウンドの瞬間を待つ

バウンドの瞬間をしっかりと狙って上から膝をかぶせる

バウンドした瞬間、ボールを上から叩くようにコントロール

コントロールした足を立ち足にボールの方向に移動する

チェックポイント

3つのステップ

ショートバウンドには3つのステップがあります。

1つ目が「ボールを見る」ことです。ボールの軌道から落下地点を素早く見極めましょう。

2つ目が「バウンドのタイミングをはかる」ことです。バウンドに合わせて、足を出す準備をします。

3つ目が「膝をかぶせて上からボールを叩く」ことです。インサイドでボールの上り際をタッチします。

何度も何度も練習して感覚をつかむのが上達の早道です。ボールを見る→バウンドのタイミングをはかる→膝をかぶせて上からボールを叩く。この3ステップを頭に置いてたくさんトライ&エラーを重ねましょう。

PART 3 ドリブル&フェイント

サッカーの教え方、教えます！

Contents

ボールタッチの種類を教えましょう

簡単にボールを奪われないように

インステップ

一歩目はインステップで勢いよくボールを前に押し出す

インサイド

間合いをはかり、インサイドでボールを横に押し出す

チェックポイント

2種類のタッチ

ドリブルには大きく分けて2種類のタッチがあります。インステップ（足の甲）でボールを前方に蹴り出すタッチと、インサイド（足の内側）でボールから足を離さずに運んでいくタッチです。インステップのタッチは相手との距離が遠い時、インサイドは相手との距離が近い時に適したものです。ドリブル練習をする前に、子どもたちに「相手がここにいる時は、どっちでタッチする？」と質問してみてもいいでしょう。

足の甲で押し出すように

ボールの中心にしっかりと足の甲を当てよう

立ち足はボールを前に運ぶため、斜め後ろがベスト

足の内側で繊細に細かく

足の内側でボールを引きずるようにタッチ

押し出した後はボールと同じように蹴り足も進める

チェックポイント

一長一短がある

相手が遠くにいても近くにいても、同じようにドリブルする子どもには、それぞれのタッチのメリットとデメリットをしっかり教えましょう。

インステップ

メリット：スピードに乗りやすい
デメリット：ボールが足から離れる

インサイド

メリット：細かいタッチができる
デメリット：スピードに乗りづらい

どちらも一長一短なので、相手との距離やプレーするエリアによって最適なタッチを選択できるのがベストです。

ドリブル＆フェイント②

顔を上げてドリブルすることを教えましょう

味方や相手の位置を確認するために

チェックポイント
下を向くと損をする

ドリブルしている時に顔が上がっているか、下がっているか。顔が下がった状態でドリブルすると、視野が狭くなってしまうので、相手がどこにいるか、スペースがどこにあるのかがわかりません。プレッシャーをかけられても、気づくのが遅くなるので、ボールを失いやすくなってしまいます。もしも、下を向いてドリブルをする癖がついている子どもがいたら「顔を上げてドリブルしよう」と声をかけましょう。

顔が上がっている	顔が下がっている
相手の位置がわかる	相手の位置がわからない
スペースがわかる	スペースがわからない
ドリブル以外の選択肢が持てる	ドリブルしかできない

× 悪い例

顔が下がってしまうと視野が狭くなる

練習メニュー

気をつけドリブル

前を見ながら！

背筋を伸ばして前を
見ながらドリブル

顔を上げて！

背中に手を当てたら、
顔が上がる

スピードを上げよう

ちょっとずつスピード
を上げる

チェックポイント

顔を上げる習慣をつくる

ドリブルしている時に顔が上がっていれば、相手が寄せてくるのが見えるので、ボールを失いづらくなります。どこにスペースがあるのか、どこに味方がいるのかも見えるので、ドリブル以外にもプレーの選択肢が増えます。

　顔を上げる習慣をつけさせるためのトレーニングが、背中に手を当てながらドリブルする、通称「気をつけドリブル」です。実際にやってみるとわかりますが、背中に手を持っていくと、自然と背筋が伸びて、顎が前に出て、顔が上がります。この状態でドリブルすることで、顔を上げることのメリットを感じてもらいます。

スピードに乗ったドリブルをするために

腕を振ることを教えましょう

スピードに乗ったドリブルは腕が大事！

チェックポイント 腕をしっかり振る

私は子どもたちにスピードに乗ったドリブルがしたいなら「腕を振ろう」と言っています。体育の授業を思い出してください。走る時は腕をしっかり振れと言われませんでしたか？ 腕を振るのは、下半身だけでなく上半身の力を使って、体を前に進めるためです。ドリブルをしていてもすぐ相手に追いつかれてしまう場合は、腕の振りが小さかったり、腕を横に振っていたりすることが原因のケースが多いです。

練習メニュー

スキップタッチ

リズムよく!

スキップしながらインステップでボールにタッチ

腕を振って!

腕を大きく振れば自然に顔が上がってくる

前に進もう!

体を前に運んでスピードに乗ろう

チェックポイント

スキップを活用する

スピードに乗ったドリブルを教える時はスキップしながらドリブルをしてみましょう。なぜスキップかというと、3つの良いことがあるからです。

1つ目は手を大きく振れるようになることです。手を大きく動かすと、必然的に自然と上体が起き上がります。すると、顔が上がります。ボールはインステップで触りながら間接視野で見ましょう。2つ目は、リズムができることです。スキップのタイミングに合わせてボールに触ることで、ドリブルのリズムをとりやすくなります。3つ目は、前に進むことを意識することで推進力が鍛えられます。

相手のプレッシャーをかわすために

８の字ドリブルを練習しましょう

練習メニュー

８の字ドリブル

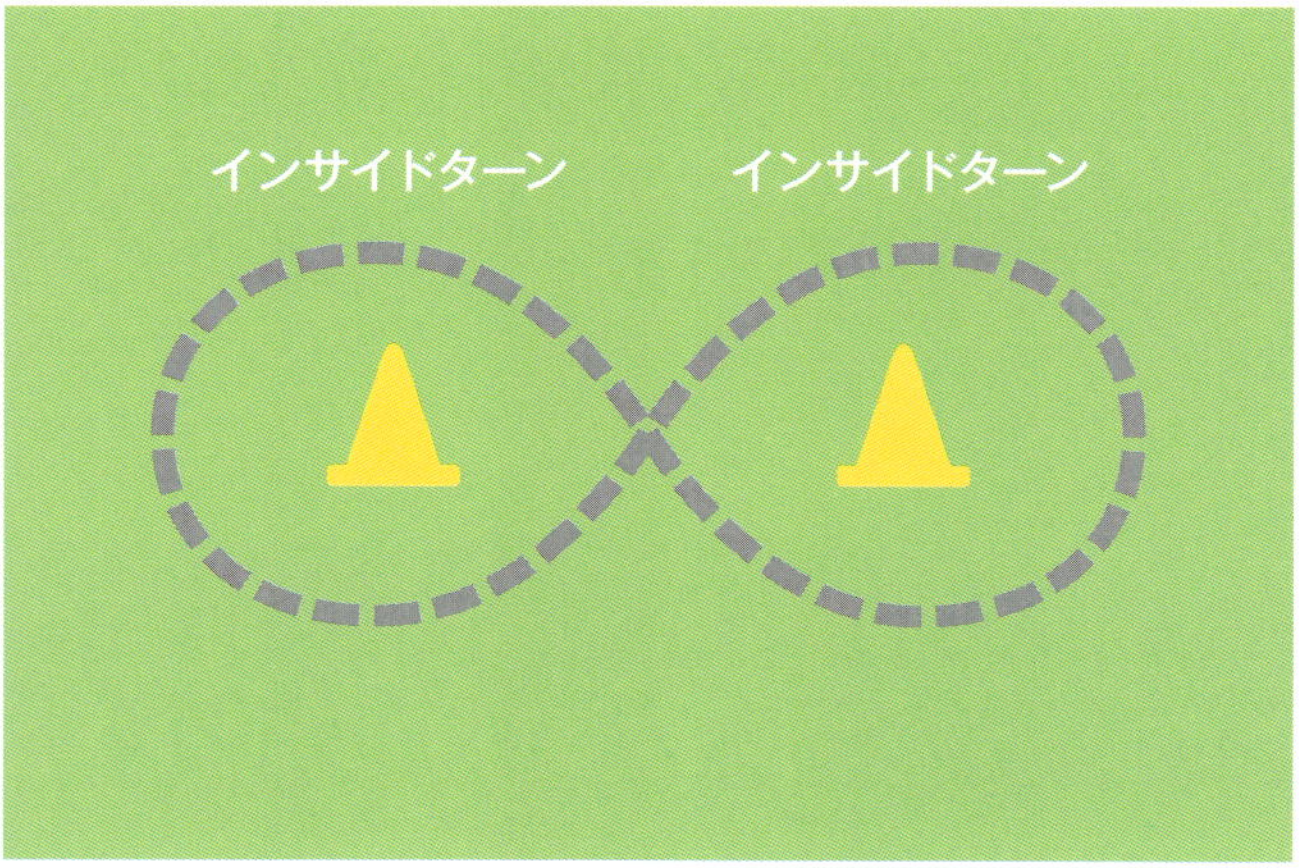

＊コーンは２つ
＊インサイドでターン
＊８の字に回る

チェックポイント
インサイドで滑らかに

試合では相手のプレッシャーを受けながら、ボールを失わないようにコントロールしなければいけません。そのためのテクニックを身につけるトレーニングが「８の字ドリブル」です。まずはコーンを回る時、インサイドでボールをタッチしながら、滑らかに素早くターンできるようになることを目指しましょう。最初からコーンを相手に見立てると足下がおろそかになるので、ゆっくりで大丈夫です。

インサイドでタッチ

インサイドでタッチしてコーンを回る

相手を意識して

相手を意識して、腕を伸ばしながらターン

素早くターン

最初はゆっくりやって、除々にスピードアップ

チェックポイント

コーンを相手に見立てる

スムーズに「8の字ドリブル」ができるようになったら、コーンを相手に見立てましょう。今度はコーンは動きませんが、相手ボールを奪おうと足を出してくるものです。

そこで2つのポイントが大切です。お手本からわかるとおり、一つはコーンから遠い方にボールを常に置いておくことです。これなら相手＝コーンが足を出しても遠いので触れられません。

もう一つは、コーン側に手を伸ばすこと。相手がいることを想定してボールをとられないように、ブロックするイメージで行います。

この2つのポイントを意識するだけでリアルな感覚が養えます。

相手に行く方向を読まれないために

ジグザグドリブルを練習しましょう

練習メニュー

ジグザグドリブル

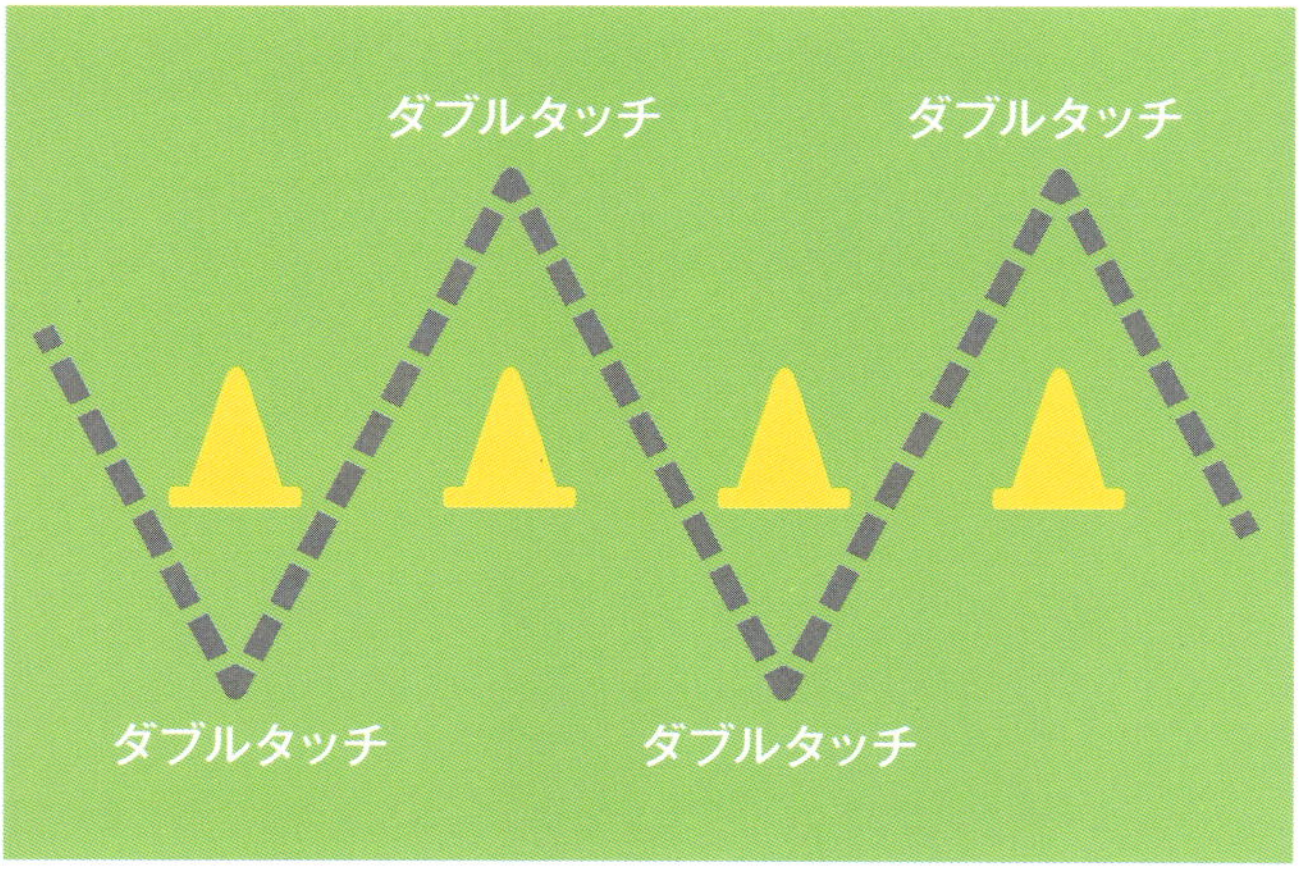

* コーンは4つ
* 足の内と外を使う
* ジグザグに進む

チェックポイント

コーンから遠い足で

相手をかわすドリブルを身につけるには、「ジグザグドリブル」のトレーニングが効果的です。P58〜59「8の字ドリブル」でも言いましたが、相手がボールを奪いにくいところは遠い方の足です。

だから、この練習はコーンから離れたところ、左右のインサイドからインサイドへとボールを動かしながら行います。まずは右から左、左から右という流れでゆっくり練習してみましょう。

ボールを動かす

コーンの手前でボールを横に動かす

カラダを横に

ボールの動きに合わせて体も横にスライド

外側の足でタッチ

コーンから遠い方の足のインサイドでタッチして前に出る

チェックポイント

相手に狙いを読ませず一気にかわす

ドリブルは相手に読まれないようにするのが大事なポイントです。たとえば、行きたい方向に体が傾きすぎたり、同じテンポでボールに触ると、相手は「こっちにかわそうとしているんだな」と予測しやすくなります。

ジグザグドリブルをする時は、2つのポイントを心がけましょう。一つは体を左右に倒さないこと。コーンに対して体の軸を平行に保つことが重要です。もう一つは、ボールと体をスライドさせる時のスピードとテンポです。逆の足にボールを移動させる時は一気に、かつ正確にタッチするようにします。

相手を置いてけぼりにするために
クルクルドリブルを練習しましょう

練習メニュー

クルクルドリブル

- コーンは４つ
- アウトサイドでターン
- クルクル回って進む

チェックポイント
相手が寄せてきたらボールとの間に体を！

ドリブルでかわす方法は何も相手と向き合ってかわすだけではありません。相手に体を寄せられた状態から、その力を利用しながらかわす方法もあります。まず、相手に体を寄せられたシーンを想像してみてください。ボールは相手から遠い足のアウトサイドで止めます。アウトサイドで後ろに切り返し、ボールと相手の間に素早く自分の体を入れましょう。

アウトサイドで止める

コーンを相手に見立てアウトサイドでボールを止める

カラダを横に

アウトサイドで切り返したボールをインサイドでタッチ

コーンをかわす

素早くコーンをかわす

チェックポイント

相手の守備をイメージ

アウトサイドターンの流れはこうなります。

相手が体を寄せて来る
←
相手から遠い足のアウトサイドでボールを止める
←
相手を手でブロック
←
相手が出て来た瞬間、それを利用してターン
←
素早く入れ替わる
←
クルッと回りながら、相手をかわしましょう。

2人、3人をかわすために切り返しドリブルを練習しましょう

練習メニュー

切り返しドリブル

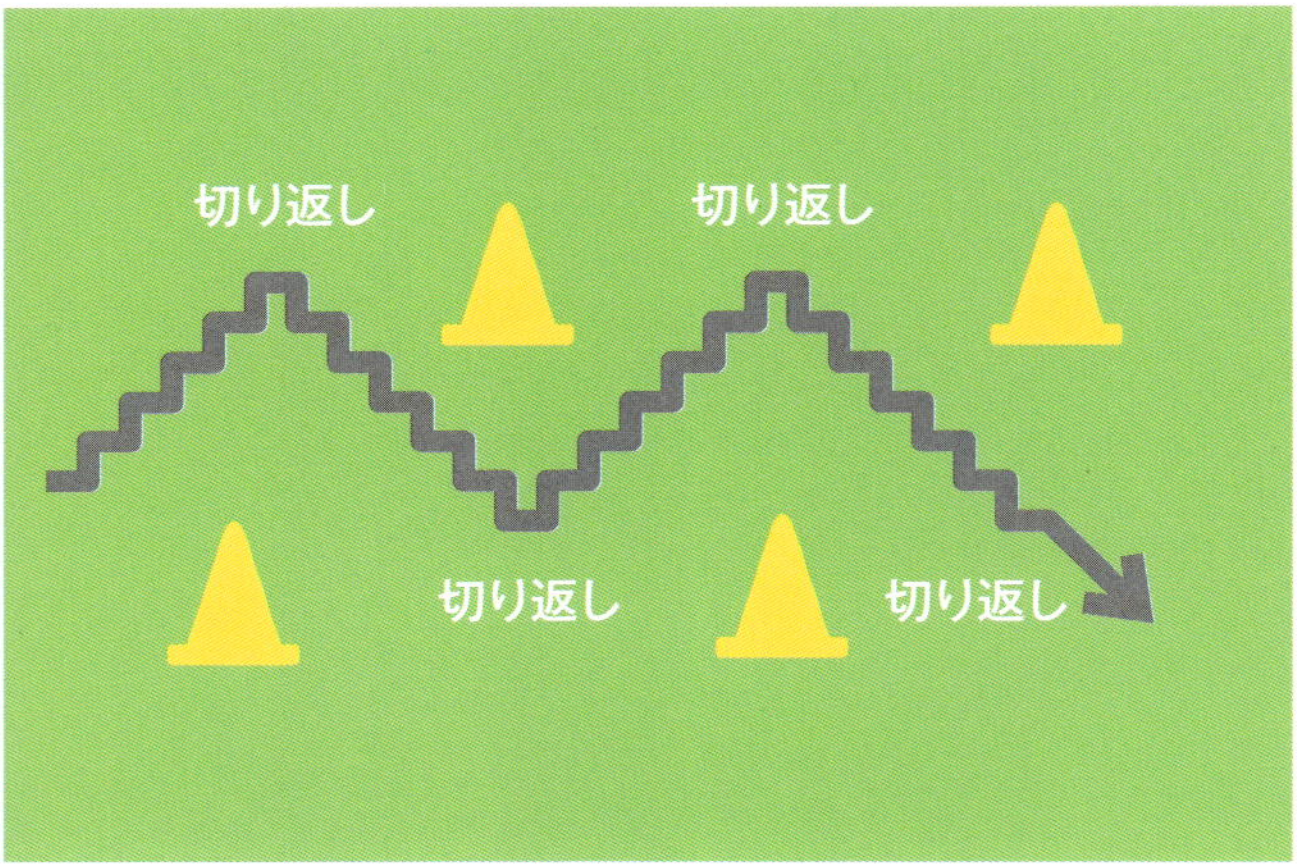

* コーンは4つ
* 鋭角に切り返す
* ジグザグに進む

チェックポイント

方向を瞬時に変える

切り返しはドリブルの方向を瞬時に大きく変えるテクニックです。切り返しでタッチするのは、インサイドのつま先付近です。体から少しボールを離して、相手に足を出させておいて、先に触って置き去りにします。ボールをどれくらい離すのか、どのタイミングで触るのかというのは、スピードやリーチによってそれぞれ変わってきます。何度も練習して、自分なりのコツをつかむことが大切です。

スピードを上げて

ドリブルのスピードを上げる

鋭く切り返す

コーンの手前で鋭く切り返す

逆方向に進む

切り返した後はスピードを上げる

チェックポイント

スピードに乗って連続でかわす

アルゼンチンのディエゴ・マラドーナがワールドカップで見せた5人抜きは、サッカーの歴史で最も有名なプレーです。そのマラドーナが抜いた5人のうち、実は3人は切り返しでかわしています。スピードに乗ってドリブルをしながら、相手の目の前で方向を変えるのは、シンプルですが最も効果的なドリブルです。

切り返しを磨くためには、ジグザグに並べたコーンを連続でかわしていくトレーニングがオススメです。コーンをまっすぐではなく、段差をつけて並べるのは、実際の試合における相手の立ち位置をイメージしたものです。

狭いスペースでターンする

連続足裏ターンを練習しましょう

練習メニュー

連続足裏ターン

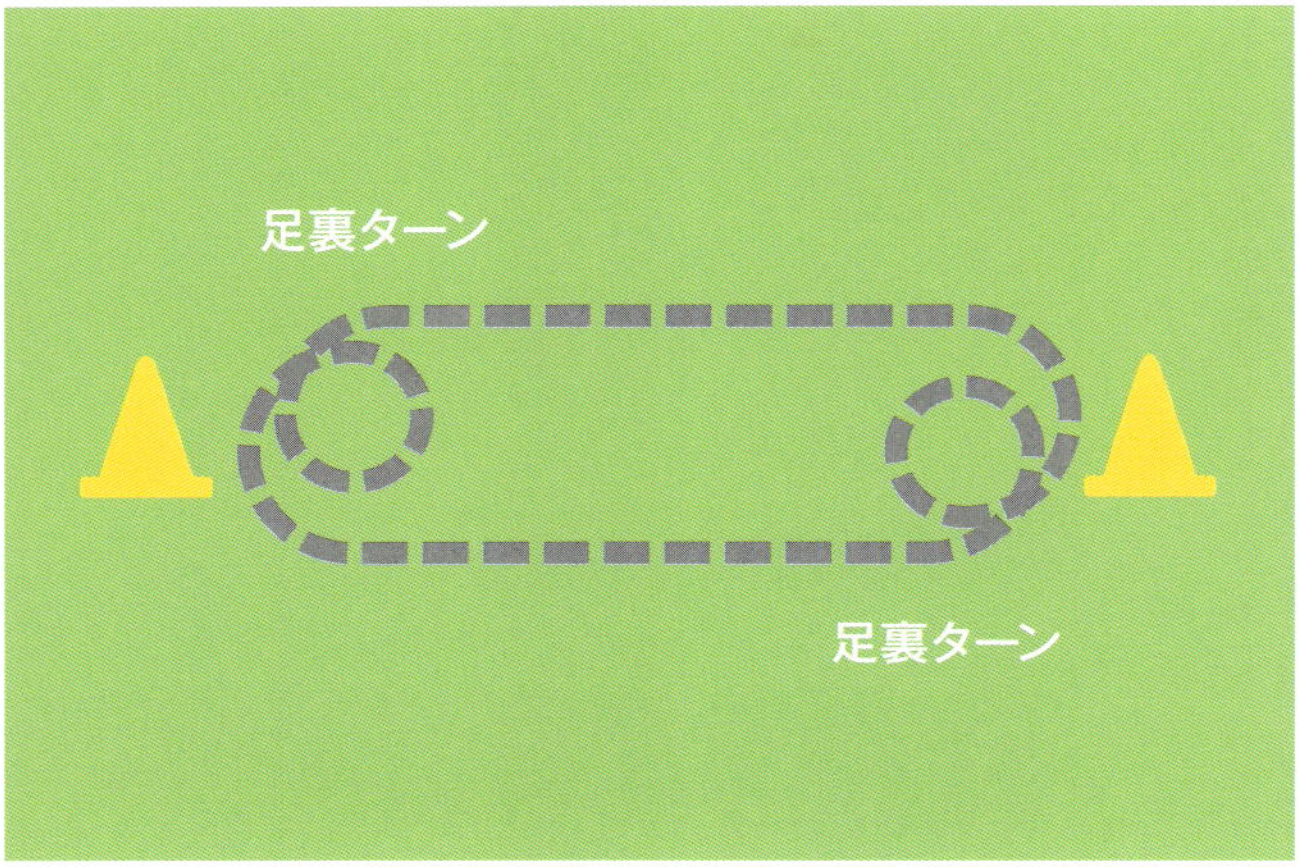

- **コーンは２つ**
- **足裏で逆方向ターン**
- **コーンの間を往復する**

チェックポイント

とられる心配がない

相手に囲まれた時や、コーナー付近など狭いところに追い込まれた時は、足裏を使ったターンが非常に有効です。足裏で体より後ろにボールを置けば、相手との間に自分の体が挟まる形になるため、まずボールをとられる心配はありません。プレッシャーをかけられても、体でブロックしながらキープします。

３〜５mの距離に２つコーンを置いて、交互に足裏を使ってターンしてみましょう。

キックフェイントから

手を大きく上げてボールを蹴るような雰囲気を出す

足裏でボールを引く

膝を柔らかく曲げて足裏でボールを真後ろに引く

180度ターン！

ターンしたらアウトサイドでボールを運ぶ

チェックポイント

キックフェイントで引っ掛けるつもりで

足裏ターンのポイントはコーチのお手本でも確認できるとおり、3つあります。

1つ目は立ち足を深く踏み込むことです。踏み込みが浅いとボールをうまく引けません。キックフェイントをするようなイメージで大きなモーションにすると、自然と深く踏み込むことができます。

そうすれば、2つ目のポイントである膝を曲げることにつながり、しっかりと足裏でボールを真後ろに引けます。

3つ目は相手から素早く逃げるために、逆足のアウトサイドでボールを運ぶことです。

ディフェンスを振り切るために
スピードの変化のつけ方を教えましょう

ドリブルのポイントは

緩 使い分け 急

×
ずっと同じスピード
→相手に読まれる

○
スピードに変化をつける
→相手をかわせる

チェックポイント
緩急をつける

ドリブルで相手を抜く時に、最も重要なものが「緩急」です。ただ、子どもたちに「緩急をつけよう」と言っても、あまりイメージがわかないので、コーチがお手本を見せてあげてください。ドリブルをしている中で、スピードを上げたと思ったら落とし、落としたと思ったら上げる……。こちらのスピードの変化に相手は合わせようとしてくるので、反応が遅れた瞬間を狙って一気に振り切ります。

① ドリブルスタート

② スピードアップ！

③ ピタッと止めて

④ またスピードアップ‼

⑤ 一気に加速

⑥ トップスピードに

チェックポイント

フェイントがいらない

ドリブラーと呼ばれる選手の中には、ボールをまたいだり、鋭く切り返したり、そういったフェイントをほとんどせずに抜けるタイプもいます。そういう選手は、緩急のつけ方が実に上手です。車にたとえるなら、１００kmで飛ばしていた状態から、一気に停止して、またすぐに１００kmまで上げる。これを何度も連続してできるようなものです。

どんなに足が速くても、ずっと同じスピードでドリブルしている選手は相手にとっては読みやすく、対応できます。むしろ、多少足が遅くても、スピードの変化をうまくつけてくる選手のほうが、相手からすると厄介です。

ドリブルのコースどりを教えましょう

相手に追いつかれないように

○ 相手の前に入る

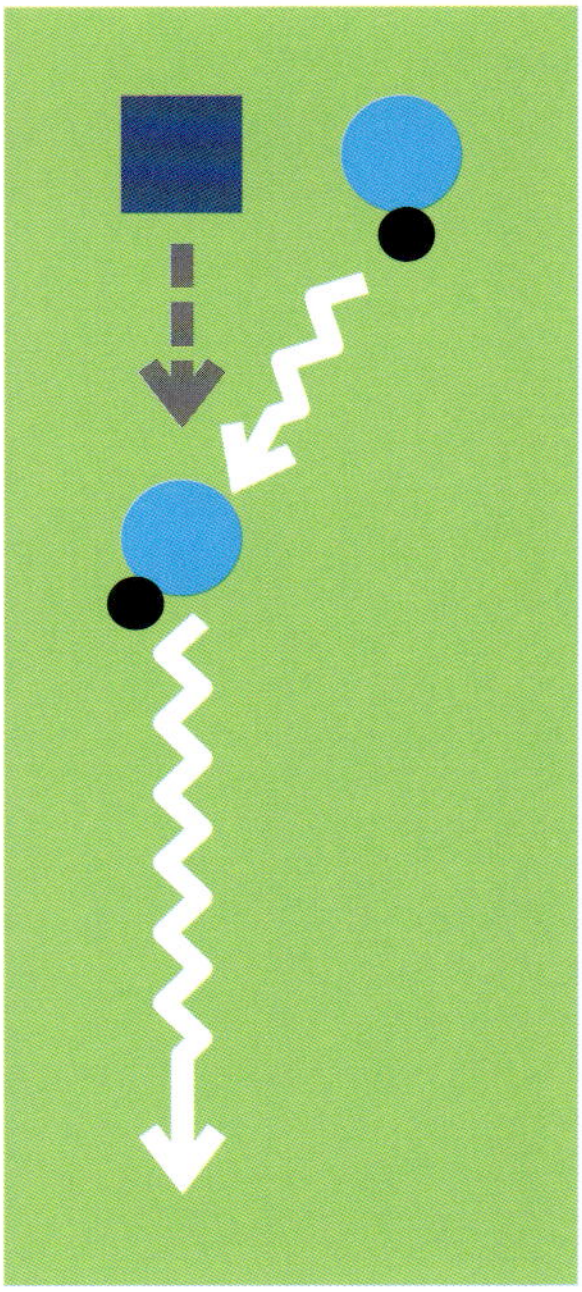

相手の前に一度コースをとってしまえば、自分の体でボールをブロックできるので、ゴールに向かうことに集中できる

△ まっすぐ進む

相手と並走してドリブルするのも間違いではないが、ボールを守りながら、相手の寄せに耐えなければならない

チェックポイント

ドリブルはコースが肝心

　サッカーでは相手と並走しながらボールを運んだり、体を寄せられたりしながらドリブルする場面がたくさんあります。基本的には相手から遠い方の足でボールを触っていれば奪われるリスクが小さくなるのは確かですが、ゴールからは遠ざかることになります。なぜなら相手は守備をする時、こちらをゴールからなるべく遠ざけようとしてくるからです。そこでポイントになるのはドリブルの「コースどり」です。

相手の前に割り込む

相手の前に体を割り込ませて、ブロックする

相手はコースに入れない

コースを独占してしまえばゴールにまっすぐ向かえる

チェックポイント

相手を前に入れさせない

私は子どもたちにドリブルを教える時は「相手の前に入る」ことを強調しています。そうすれば、もし後ろから体を寄せられてもファウルになるので、なかなかボールを奪われないからです。

相手の前に割り込むためには、手と足の使い方が重要です。手を広げて相手が前に出て来るのをブロックし、相手に近い方の足を相手の前に出したら一気に体ごと前に割り込みます。相手が簡単に前に入れない状態をつくることによって、相手のことを気にすることなく、スペースやゴールに全力で向かうことに集中できます。

DFの重心を見ることを教えましょう

相手の足に引っかからないように

チェックポイント
相手の重心を見る

フェイントの目的は相手をだまして抜くことです。では、相手を抜くためにはどこを見てプレーしたらいいでしょうか？

正解は「相手の重心がどちらの足にかかっているのか」です。写真のように自分から見て右に重心、つまり体重がかかっている状態では左には素早く動けないので、左にドリブルで抜けます。そして、フェイントは相手の重心を揺さぶるために行うものです。

重心の反対に運ぶ

ボールには触れず体だけを右に一歩踏み出す

相手の足の横を通す

相手が左に重心をかけた瞬間に逆に抜ける

チェックポイント

体や顔、目線だけでもフェイントはできる！

1対1でドリブルを仕掛ける時、相手はこちらがどちらに行こうとしているのかを観察しています。どうすれば、目の前の相手を抜き去れるでしょうか。

相手を抜くポイントは重心にあるので、とにかく左右に揺さぶることが大事です。そのためには「演技」が必要です。右に行くと見せかけて左に行くというプレーを狙っているのであれば、体だけを大きく右に振ったり、首を振ってみたり、目線を右に送ってみたり……演技方法は様々です。

この演技が得意な選手は相手をうまくだませます。

キックフェイントを教えましょう

相手をだますために

素早く２タッチ目

相手をかわす

止めた足を立ち足にし、逆足で素早くボールタッチ

相手を置き去りにするため勢いよくボールを運び出す

リアリティが重要！

キックフェイントのポイントは演技だと言いましたが、相手をだますには「本当にあっちに蹴るぞ」というリアリティを出すのが大事です。そうしなければ、相手は蹴ろうとしている方向に足を踏み出し重心をかけてはくれません。

チェックポイント

演技力が大事

キックフェイントは最もシンプルなテクニックです。キックモーションで相手をだまして、飛び込ませておいて、蹴らずに切り返す。相手が体を投げ出してブロックにくれば、完全に入れ替わることもできます。キックフェイントで重要なのは「演技力」です。通常のキックと同じように、手を上げて、蹴り足を振り上げる。そうすることで、相手に「本当に蹴ってくる」と感じさせれば、成功率が上がります。

キックする…

体を大きく使って「蹴るぞ」と大げさに見せかける

と見せかけて止める

相手の重心をしっかりと見極めて足下にボールを止める

キックモーションによって相手の重心が左に移っている

ブロックするために足を出した瞬間に切り返す

チェックポイント

目線でもフェイントを仕掛ける

もう一つ、キックフェイントで大事なのはボールを蹴る前の「目線」です。ゴール前でボールを持った時は、顔を上げてチラッとゴールの方を見ます。それによって、相手に「シュートを打ってくる」と感じさせるのです。

　相手はこちらの体の向き、目線、ボールの位置など、あらゆることからプレーを予測します。そんな相手の習性を利用して、こちらから「嘘の情報」を発信します。

　日常生活で嘘をつくのは良くないことですが、サッカーのピッチに立った時は、むしろたくさん嘘をつきましょう。

相手の逆を突くために ステップフェイントを教えましょう

① 相手に向かう

相手にまっすぐ向かい、フェイントをする間合いをはかる

② 右に行くと見せて

ボールを中心にして右に重心移動させ、相手の動きを見る

チェックポイント

重心移動からトライ

フェイントにはボールに触れるものと触れないものがありますが、ボールに触れるものを身につけるにはたくさんの時間を必要とするので、まずはボールに触れないフェイントから教えてみましょう。

小学校低学年くらいまでにオススメなのが「重心移動」フェイントです。体が小さい間はボールをまたぐシザーズのようなフェイントは難しいですが、重心移動であれば手軽に覚えられます。

③ 相手の逆を突いて左へ！

相手が反応したら踏み出した足とは逆足でボールを押し出す

④ 相手をかわす

相手を置き去りにするため素早くボールを運び出す

チェックポイント ボールを足下に置きそれを中心に左右に

重心移動によるフェイントはボールに触れず、自分だけが動くフェイントです。この時ボールはフェイントを仕掛けている時も、おへその下に置きましょう。なぜなら相手の重心の逆を取った時に素早くボールを運べるからです。

ボールを中心に置いたまま、左右に足を踏み出して「行くぞ」と見せかけ、相手を動かします。相手がだまされて、どちらかの足に重心をかけたら、踏み出した方とは逆の足でボールを素早く運び出します。ドリブルを仕掛ける時は常に相手の重心がどうなっているかを見ることが大事になります。

シザーズを教えましょう

相手を誘ってかわすために

シザーズとはハサミ

ボールを右足の斜め前に置く

相手が反応したら右足でボールをまたぐ

引っかかったら左足で相手の重心の逆に運ぶ

チェックポイント

ボールの前をまたぐ

シザーズは「ハサミ」という意味です。日本では「またぎフェイント」とも呼ばれるテクニックは、ブラジル人選手が多用します。このフェイントのカラクリは、相手にボールを外側に持ち出すと錯覚させることです。またぐ時のポイントは、ボールの「前」をまたぐこと。そのため、足をボールの正面から回し込むことが重要です。たまに、ボールの「上」をまたいでいる子どもがいますが、それでは相手はだませません。

まずは相手がいない状態で
たくさんまたぎましょう

チェックポイント

またいだ足で地面を蹴り出す

シザーズで大事なのは「またぐ→足を戻す」という一連の動作を、どれだけスムーズに行えるかです。ボールをまたぐ動作がぎこちないと、フェイントの効果は薄れます。最初は相手をつけずに1人で何度もボールをまたいで、足の動かし方を覚えましょう。

それから、ボールをまたいだ後、逆方向に持ち出すまでのスピード感も重要です。せっかくフェイントに引っ掛けられたとしても、その後が遅かったら、相手についてこられてしまいます。またぎ終わった足で地面を強く蹴って、スピードを上げましょう。

PART 4 コンタクトスキル

サッカーの教え方、教えます！

Contents

コンタクトスキル①

しっかりボールを守るために

ボールの置きどころを教えましょう

✕悪い例

相手に近い位置に置く

相手に近い方の足下にボールがあると力強く体を寄せられたら奪われてしまう

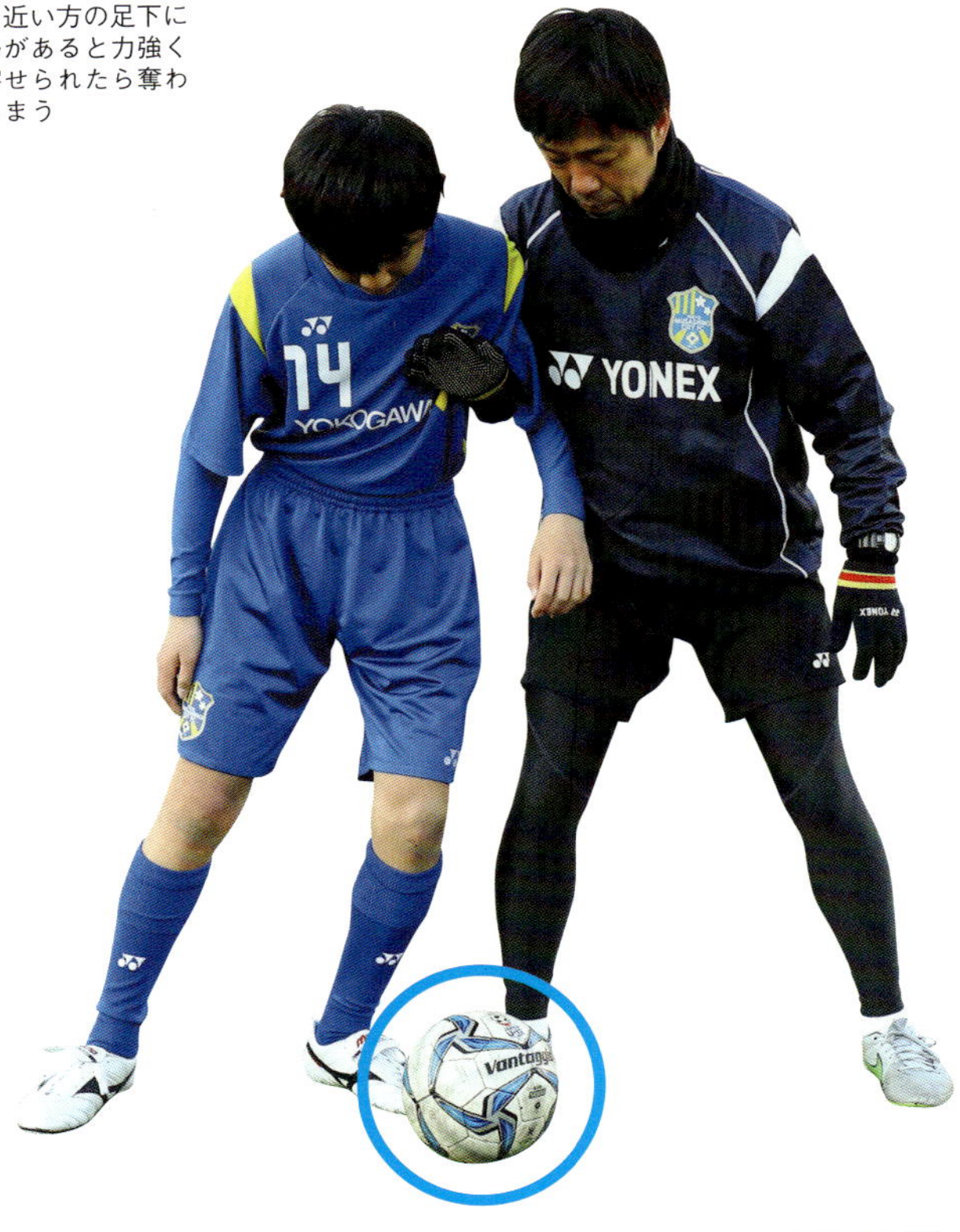

チェックポイント

相手とボールの間に自分の体を入れる

相手にボールをとられないように手や体、お尻、足でコンタクト（接触）する技術もサッカーでは必要です。サッカーは相手がいるスポーツなので、相手のいる状態での技術も高めましょう。

私は子どもたちに「まず相手とボールの間に自分の体を入れなさい」とアドバイスを送っています。そうすれば相手がボールから遠くなり、足を出しにくくなります。

◯良い例

相手から遠い位置に置く

相手とボールの間に体を入れ、相手から遠い方の足下にボールを置く

相手
自分
ボール

自分を相手とボールでサンドする

チェックポイント
遠い方の足下にボールを置くのが基本

コンタクトスキルの基本は2つで1セットです。つまり、相手とボールの間に体を入れるだけでは不十分です。もう一つのポイントは、ボールの置きどころです。私は子どもたちに「相手から遠い方の足下にボールを置きなさい」と言っています。相手からボールが遠ければその間に体を入れやすくもなります。

ただ注意してほしいのは、いつも相手から遠い方の足下にボールを置くわけでないということです。あくまでもコンタクトスキルの練習で「相手が体を寄せてくる」という状況でのことで、何もなければ積極的にボールを前に運んでください。

相手のいる場所を知るために

腕の使い方を教えましょう

○良い例

うまい選手は足だけじゃなく手もうまく使う!

体を入れると同時に手をうまく使えばその後のプレーの選択が楽になる

チェックポイント

自分が優位に立つには腕の使い方がポイント

コンタクトスキルの基本は「相手とボールの間に体を入れること」と「相手から遠い方の足下にボールを置くこと」です。ただこれだけでは、ボールを必死に守ることだけに終始し、積極的に前を向いて攻めることができません。

そこで重要なのが手の使い方です。手はセンサーの役割を担っていて、相手の位置や距離を感じるための道具になります。

手をセンサー代わりにする

手をうまく使えば相手の情報が知れ、自分が優位に立てる

手の甲を使うと相手を抑えるパワーが半減してしまう

チェックポイント
手の平を使い相手を感じること

たとえば相手が全力でボールを奪いに来た時、体を入れるだけではなく手を使えたら、相手にボールをとられません。その時、手の平で相手の胸のあたりを抑えるイメージです。注意しなければならないのは、慌ててしまい思わず手の甲を使うこと。手の甲を使うと腕に力が入らないため、しっかりブロックできません。

また、相手がボールを後ろから奪いに来た時にも、手を使うことは有効です。相手のことが直接見えていなくても、手が触れたら位置や距離を感じられますし、その感覚でボールの動かし方やプレーを再選択することができます。

コンタクトスキル③

並走しても追いつかれないように

ブロックする方法を教えましょう

前に入らせない！

腕を使って相手をブロックする

チェックポイント

手を使って相手を前に入れさせない

サイドでドリブルをしている時、相手がボールを奪おうと並んで走るシーンがサッカーではたくさんあります。その時に大事なのが相手を前に入れさせないように、うまく手を使うことです。

そのために、子どもたちには「腕を伸ばしなさい」と伝えます。なぜなら肘を曲げると、手を避けて回り込む距離が短くなるうえ、相手をブロックできなくなるからです。

練習メニュー

通せんぼドリブル

左手でブロック！

左手でしっかり相手をブロックしながらボールを遠い方に置く

相手が移動

相手が右に回り込んだら、ボールとの間に体を入れながら足を入れ替える

右手でブロック

相手が右からボールを狙ってきたら、今度は右手でブロック

チェックポイント

ステップを踏み変える

相手と並走してのドリブルは、いつも同じ方からボールを奪いに来るわけではありません。相手も右に行ったり左に行ったり、何とかボールをとってやろうと守備を仕掛けてきます。

だから、しっかりと相手から遠い方の足下にボールを置きましょう。隙を狙ってボール側に回り込まれた場合には、ステップを踏み変え、また相手から遠い方の足下にボールを移します。ステップを踏み変える時も常に体は相手とボールの間に入れた状態をキープします。

相手が回り込んで来た時は、同時に、ブロックしている手も入れ替えましょう。

背負った状態でキープするために

体のぶつけ方を教えましょう

相手を背負ったら…

腰を落とす

しっかりと腰を落として
バランスを保つ

棒立ち

棒立ちになるとバランスが
崩れる

チェックポイント

**相手を背負った時は
腰を落として耐える**

ドリブルやボールキープしている時、相手のプレッシャーが強くてまともにプレーすることが難しく、マークを背負い込むことがあります。その時は「ボールをとられない」ことが最優先です。私は子どもたちに「しっかりと腰を落としなさい」とアドバイスをしています。

悪い例を見ると、体が棒立ちになっています。それでは相手のパワーに耐えられません。

骨盤で相手のパワーを受け止める

相手よりも腰を落とし骨盤で耐えながら手も使う

当たり負けしないコツはお尻

チェックポイント

手をうまく使いながら半身の状態でブロック

実は、相手を背負った時は、腰を落としてブロックするだけでは十分ではありません。腰を落としていても、足を出されてボールを奪われることが結構あります。

だから、腰を落とすと同時に「半身になって手で相手を抑える」ことを意識しましょう。そうすれば相手とボールの間の距離が開くので、遠い方の足でボールを扱いやすくなります。相手の体の寄せ方次第では、その力を利用して反転したりターンしたりして相手をかわせて、背負った状況から脱することができるかもしれません。「合気道」のようなイメージで行います。

コンタクトスキル⑤

ドリブルで抜かれないように ボールの奪い方を教えましょう

チェックポイント 先に体を入れて後ろからボールを奪う

1対1でボールを奪う時、私は選手たちに「ポイントは相手とボールの間に体を入れること」だと言っています。ボールの方に気持ちが向かいがちですが、むしろボールを奪うのは後の作業です。

そこで大事なのはタイミングです。相手から少しでもボールが離れた瞬間、相手とボールの間に素早く体ごと入れます。そうすれば自然と先にボールに触って、マイボールにすることができます。

ボールの奪い方の順番は「間合いをはかる→足下からボールが離れる→相手とボールの間に手と体を同時に入れる→相手と接触したら手で相手を抑える→マイボールにする→体を壁のように硬くする」です

チェックポイント

マイボールにした後 体を硬くして耐える

相手とボールの間に体を入れられたとしても、そこで相手も必死になってボールを奪い返しに来るのは当たり前のことです。ボールを奪ったからといってそこで終わりではありません。

　だから、マイボールにした後に大切なのはボールをしっかり守ることです。ボールを奪った時は、ほとんどの場合、相手が密着した状態になるので、私は選手たちに「体を壁のように硬くしなさい」とアドバイスをしています。後ろから押されたらファウルをもらえるし、耐えられたらそのまま腰を落としてキープできます。

自分の距離感を知るために

ボールへの寄せ方を教えましょう

寄せ切ってみよう！

相手の足を踏みつけるつもりで足を出す

顔と顔がぶつかるぐらいの勢いで寄せる

かわされてもOK。その後、選手に問いかけをする

チェックポイント どんどん失敗させる

ボールの奪い方に基本的なやり方はありますが、間合いやタイミングはそれぞれ違います。

そのため、何度も奪いに行くことで、自分なりの距離感やタイミングを覚えなければいけません。だから、私は子どもたちに「かわされてもいいからボールに行きなさい」と伝えています。

特に低学年の間はどんどん失敗させて体験を積ませる中で、間合いとタイミングをつかませます。

チェックポイント

プレッシャーを感じさせる

ボールへの寄せ方には2つのポイントがあります。

1つ目は、相手の足を踏みつけるぐらいの勢いで足を出すことです。ボールを持っている相手に、「奪いに来ている」とプレッシャーを感じさせる距離感まで寄せなければ、それは寄せていないのと同じです。

球際の勝負に持ち込めたら、顔と顔がぶつかるぐらいのところまで距離を詰めます。そうすることで相手が自由にプレーできない状況にして、こちら側が主導権を握りましょう。

中途半端な距離感で止まったり、足先だけでボールを奪いに行くのはNGです。

コンタクトスキル⑦

五分五分の争いで勝つために

球際を制する方法を教えましょう

球際のガチャガチャ

ボールを持った相手との距離を詰める

体の面をより広くして球際で強くボールに当たる

ボールが自分の前にこぼれる

チェックポイント

前向きで奪う

ボールを奪うには「自分が前を向いた状態で奪う」のがベストです。相手とボールの間に体を入れる奪い方は体を後ろに向けるため、その後の攻撃が遅くなりますが、前を向いた状態ならすぐに攻撃に移れます。

球際の争いに関しては、体の小さい子どもや、線が細い子どもは不利になるというイメージがあるかもしれません。ただ、工夫次第では自分より大きな相手にも球際で勝つこともできます。

面をつくる！

インサイドの形をつくることで広い面ができる

チェックポイント

広い面をつくってボールを奪いに行く

私が子どもたちにインサイドキックのイメージでボールに寄せるように言う理由は、その形をつくると体が自然と開いて広い面をつくることができるからです。そうすれば相手に対してよりプレッシャーをかけることができます。

「インサイド寄せ」のメリットは球際で強く、ガチャガチャに持ち込めてボールを奪える可能性が高まること。それに加え、もしかわされても、足先よりも踏ん張りが効くため、素早く体勢を整えて守備に回れることです。守備から攻撃へとすぐに移れるので、寄せ方とセットで練習してみましょう。

コンタクトスキル⑧

体幹トレーニング

ぶつかり合いに勝つために

“体幹”を鍛えるとコンタクトに強くなる！

「体幹」とは…
体の内側にある筋肉のこと
（インナーマッスル）

ウォーミングアップでやろう！

チェックポイント

体幹トレーニングで潜在能力を引き出す

サッカーは体のぶつかりが日常茶飯事のスポーツです。体が小さくても、その戦いを避けて通ることはできません。体幹トレーニングをする目的は、筋肉をつけるというよりは体の内側にある筋肉（インナーマッスル）を鍛えるためです。

外の筋肉を固めるトレーニングと違い、体幹は骨格を支える内側の筋肉のことで、バランス感覚やケガの防止にも役立ちます。

メニュー① フロントブリッジ

＊ピンと体全体を一直線に
＊お腹にグッと力を入れる
＊お尻を持ち上げる意識で

✕悪い例

腰が上がりすぎている

膝が下がりすぎている

ポイント

頭から足先まで一本の線をつくるような意識でお腹に力を入れて10秒間キープ。これを2～3回トライ

メニュー②

サイドブリッジ

* 骨盤をしっかり浮かす
* わき腹にグッと力を入れる
* 腰の高さを水平に保つ

腰を浮かせ過ぎない

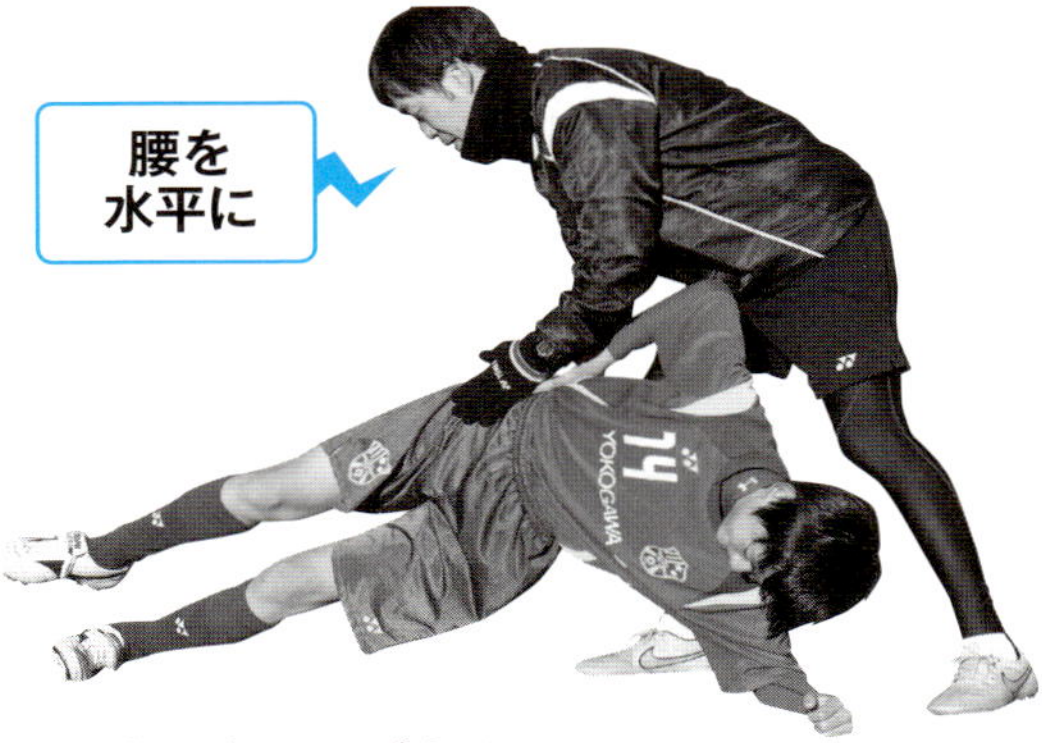

腰を水平に

腰の高さをキープする

ポイント

下半身を地面につけてから腰を持ち上げる。それから足を浮かしてバランスを保つ。目安は２～３回

メニュー③ バランスフロントブリッジ

＊フロントブリッジ上級者版
＊より体幹の力が必要になる
＊ピンと体全体を直線に

体幹で
しっかり支える

別アングル

手の先からつま先まで一直線に

ポイント

フロントブリッジをしてから片手、次に対角線上に足を宙に浮かす。体は一直線に。目安は２～３回

PART 5
ヘディング

サッカーの教え方、教えます！

Contents

PART 5 ヘディング

ヘディング①

まっすぐに飛ばすために

ボールに当てるポイントを教えましょう

○ 良い例

ボールを当てる前にコーチが指でポイントを押してあげる

チェックポイント

どこに当たれば飛ぶ？

ヘディングをうまくできない子どもは、ボールに当てるポイントがバラバラになっていることがほとんどです。まずは頭のどこに当てれば、まっすぐにボールが飛ぶのかをしっかり教えてあげましょう。ボールに当てるポイントは、おでこの真ん中。もうちょっと細かく言えば髪の毛の生え際あたりです。自分からは見えないところなので、コーチが指でポイントを押してあげて、イメージを持たせましょう。

ここに
当てるんだぞ

次にボールを使って当てるポイントを教えてあげる

× 悪い例

てっぺん

ボールを怖がって目をつむってしまう子は頭のてっぺんに当てることが多い

こめかみ

ボールから目をそらしてヘディングする子はよくこめかみに当てることがある

チェックポイント

ボールを手で持ち頭に当ててあげる

積極的にヘディングをしようとしない子どもに、その理由を聞くと、「痛いから」「怖いから」という答えが返ってきます。まずは、子どもが持っているヘディングへの恐怖心を取り除いてあげることが必要です。

ヘディングで痛い思いをするのは、実は正しい場所でインパクトできていないことが原因です。恐怖心があるとボールを見れないので、頭のてっぺんやこめかみに当たってしまいます。

コーチは子どもの頭にボールを当てて「ここに当てれば痛くない」と正しいインパクトのポイントを説明してあげましょう。

目をつぶらない方法を教えましょう

ボールを怖がらないように

目をつぶると、どうしても脳天に当たることが多くなる

チェックポイント
目をつぶらない

ヘディングをする時に大事なのは「目をつぶらないこと」だと子どもたちには言っています。でも、最初から目をつぶらずにできる子どもはほとんどいません。低学年のうちにヘディングをガンガンやらせても逆に恐怖が高まって、かえって苦手になってしまう可能性もあると思います。そこで、私はボールを手で持ち、ボールがどのように飛んできて、どのタイミングで当てるのかというイメージを持たせています。

ギリギリまで見る

ボールが向かって来る

グッと力を入れる!

子どもから見て高く遠いところから徐々に近づき、頭に当たるところまでを一連で体験させてみる

チェックポイント

ボールの軌道をイメージさせる

コーチがボールを手で持ってヘディングのイメージをさせる時、少しずつ距離を詰めながら確認してあげるといいでしょう。遠い時、近づいた時、頭に当たる直前で「まだボールの中心を見られる？」と問えば、選手たちも「まだ大丈夫」、「ちょっと怖いかも」、「かなり怖い」など、自分がどの距離までいけるのかを知ることができます。まずはゆっくりとした流れで何度か行って、子どもたちの恐怖心を和らげるように、少しずつイメージを深めるのに付き合ってあげましょう。

その時、目をつぶった場合の失敗例も教えてあげましょう。

腕の使い方を教えましょう

しっかり跳ね返せるように

肘を直角に曲げて腕を肩まで上げる

腕を後ろに引いて肩甲骨を中心に寄せる

チェックポイント

腕の使い方が秘けつ

ヘディングを前に力強く飛ばしたり、思いどおりにコントロールするには「腕の使い方」が大事です。私は子どもたちに「まず腕を肩まで上げて準備する」ことを伝えます。その後、ボールが当たる瞬間は「腕を後ろに引いて肩甲骨を中心に寄せる」ように言っています。

そうすると、その腕の使い方の強弱で力強いボールやソフトなボールなど自分がヘディングをコントロールできるようになります。

お父さんが投げてあげる

×悪い例

頭だけ、首だけで当てようとすると
ボールにパワーが伝わらない

○良い例

腕を使うとタイミングがはかりやすく、
ボールにパワーを伝えやすい

チェックポイント

首だけで当てるのは×

良い例のようにしっかりと腕を肩まで上げて準備し、そのまま後ろに手を下げて勢いをつけると、体全体のパワーをボールに伝えられます。「ヘディングをするぞ」という気持ちの準備もしているため、当てる瞬間に腰が引けてしまうようなこともありません。

逆に、腕の力をまったく使わなかったら、どうなるでしょうか（悪い例）。写真を見てもわかるように、首の力だけでボールに当てても、ボールにパワーがまったく伝わらず、弱々しい弾道になってしまいます。

腕を使うか使わないかで、ここまで大きな差が出るのです。

狙った場所に飛ばせるように

コースの変え方を教えましょう

○良い例

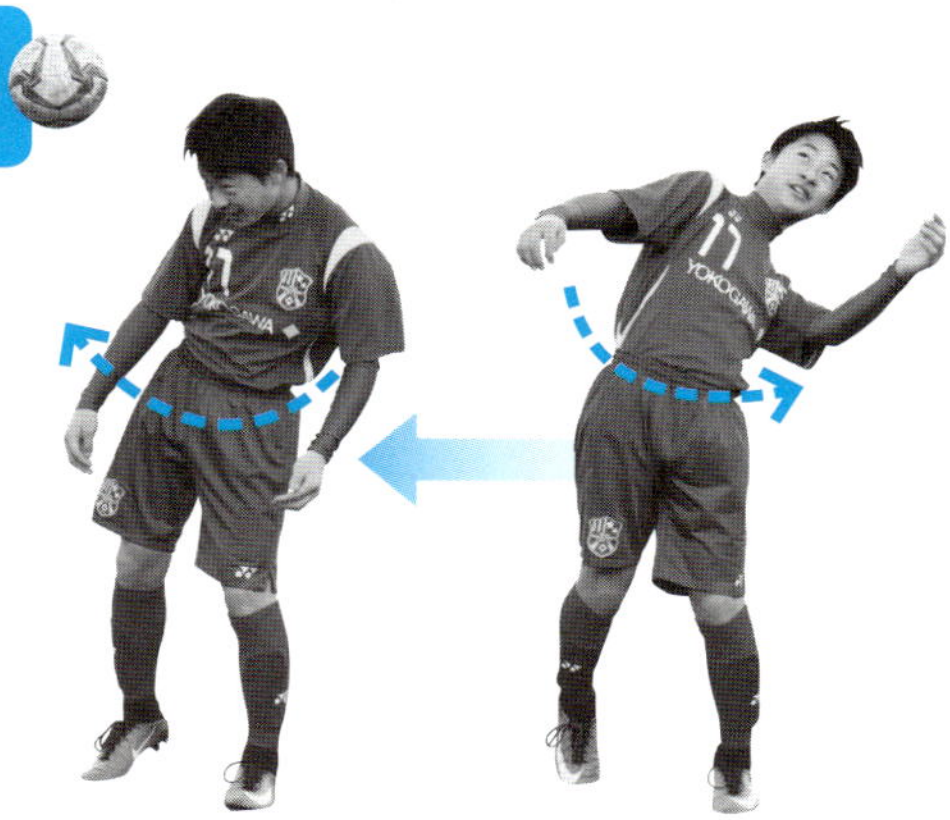

体をひねってボールを味方にパスする

×悪い例

首だけひねっているのでボールに勢いがない

チェックポイント

当てるポイントはまっすぐと同じ

まっすぐ飛ばすヘディングができるようになったら、コースを変えるヘディングを覚えましょう。ボールに当てるポイントは基本どおり、おでこの真ん中あたりです。まっすぐ飛ばす時と違うのは、当てる瞬間に首をひねることです。狙ったところにヘディングで飛ばせるようになると、DFならクリアする時に味方にパスしたり、FWなら難しい角度のクロスに合わせることができます。

練習メニュー

三角ヘディング

斜めから投げる

投げられたボールをしっかり見て準備する

コースを変える

斜めに向かってギュッとひねりを加える

もう一人に返す

体をひねりきってボールをパスする

チェックポイント

上半身をひねって体全体で合わせる

ヘディングは頭だけでするものではありません。体全体のパワーをインパクトポイントに一点集中させるようなイメージで行いましょう。

特に、コースを変える時は上半身をしっかりひねる必要があります。悪い例のように棒立ちになったままで、首だけをひねってコースを変えようとしても、ボールに勢いが出せません。

オススメの練習メニューは、3人1組になってボールを投げ合い、ヘディングでコースを変えて斜め前にパスをする「三角ヘディング」です。右回りと左回りの両方をやりましょう。

ヘディング⑤

空中戦で勝てるように

落下地点への入り方を教えましょう

ヘディングで勝つために
大事になるものが…

空間認知能力

正確に落下地点に入ることは空間認知において最も基本的な要素。それに加えて、空中でボールを捉えるにはタイミングを合わせることが重要になる

チェックポイント
ボールの落下地点を素早く予測できるか

相手とヘディングで争う時に非常に重要なスキルが「空間認知能力」です。空中にあるボールの高さや軌道から、落下地点を予測します。

空間認知能力が高い選手は、キックしようとしている選手の足からボールが離れた瞬間に、どこに落ちてくるのかがわかると言います。落下地点に先に入ってスタンバイできるので、空中戦の競り合いで非常に有利になります。

リフティングして…

リフティングをして高くボールを蹴り上げ、キャッチやヘディングをやってみよう

ジャンプしてヘディング

手でキャッチ

チェックポイント

高く蹴り上げて空中でヘディング

最初はボールをつけずに、リフティングで蹴り上げたボールをジャンプしてキャッチする練習をしましょう。落下地点を見つけて、素早く入ることを意識します。

ボールキャッチで空間認知能力を養ったら、実際にヘディングしてみましょう。ボールをキャッチする時と同じように、リフティングでボールを高く蹴り上げたら、ジャンプしてヘディングでボールを高く遠くに飛ばします。

このトレーニングを繰り返せば空間認知能力だけでなく、ヘディングで大切な腕や体の使い方も身につきます。

高い打点で当てるために

ジャンプのコツを教えましょう

踏み切り
タイミングよく踏み切る

助走
落下地点まで勢いをつける

チェックポイント

イメージをつくろう

ジャンピングヘッドには空間認知能力も必要不可欠ですが、ジャンプそのもののやり方も覚えなければいけません。

最初からボールを使ってトレーニングを行うと、ボールに意識が向いてジャンプのタイミングがつかみにくいので、最初はボールを使わずに良いジャンプのイメージをつくることからやらせます。助走をつけて片足で踏み切り、両足で着地が基本です。

着地

地面に着地する時は両足で

ヘディング

ヘディングの瞬間に腕を開く

ジャンプ

片足ジャンプと同時に腕を前へ

チェックポイント

ジャンプの後は両足で着地

ジャンプの動きを覚えたら、ボールをつけてやってみましょう。

まずは片足ジャンプした瞬間に手を前に出し、ヘディングをする瞬間に手を左右に広げて肩甲骨を中心に寄せます。

すると、ジャンプ時のパワーと手で勢いをつけた体のパワーがボールに伝わって、より遠くにボールを飛ばすことができるはずです。

注意点は両足で着地することです。高く跳んだところから着地した時のパワーが片方の足だけにかかると、ケガの原因になります。両足で着地してパワーを分散するようにしましょう。

どんなボールも当てられるように
バウンドに合わせるタイミングを教えましょう

チェックポイント
ボールの弾み具合を見極める

バウンドしたボールをヘディングするには、ボールが弾むタイミングや高さを、しっかりと見極めることが必要です。ボールが自分の方へ向かって来るのを待っていると、その間に相手に割り込まれてしまい、先に触ることができません。

そこで、私は子どもに落下を待つのではなく、「バウンドして上がったボールの一番高いところでヘディングしよう」と言っています。

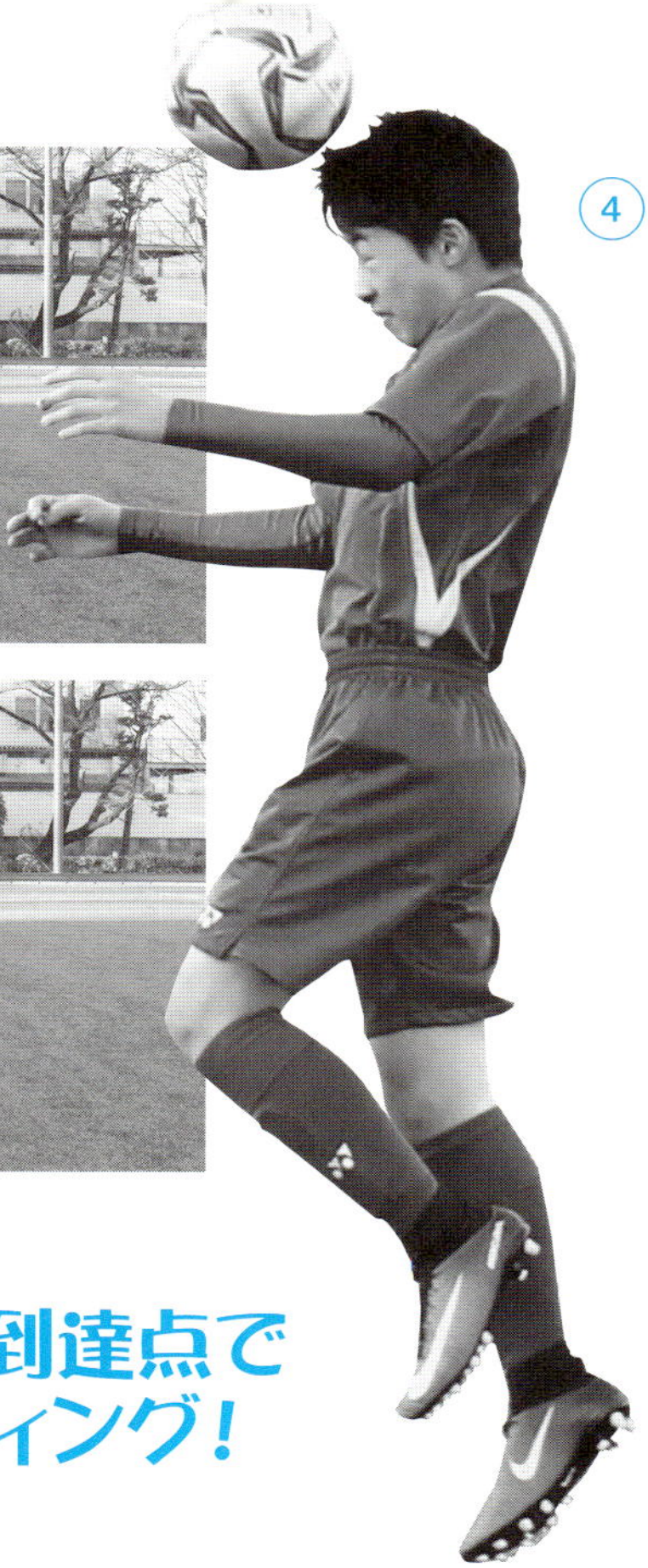

最高到達点でヘディング!

トレーニングは２人一組。一人が高いボールを投げ、もう一人がバウンドしたボールを強く跳ね返す。バウンドヘッドする方は助走して片足ジャンプし、一番高いところでボールを捉える

チェックポイント

一番高いところでボールに当てる

バウンドしたボールが一番高いところに上がった、最高到達点で合わせるには、ジャンプでどれだけ高さを出せるかが最も重要です。

ポイントは、その場で飛ぶのではなく、何歩か助走をつけてから飛ぶこと。走り幅跳びのようなイメージで、スピードをつけた状態から踏み切ることで、高いところでボールに触ることができます。

ジャンプのタイミングが早すぎると、バウンドに合わず後ろにボールをそらしてしまうミスにつながります。２人１組でボールを投げ合って、バウンドのタイミングをつかみましょう。

ハイボールに触れるように

正しい競り合い方を教えましょう

○ 良い例

相手よりも先に落下地点に入り、ヘディングするスペースをつくる

× 悪い例

相手の肩に手をかけて覆いかぶさるとファウルになる

チェックポイント
先に落下地点へ入る

ハイボールを相手と競り合いながらヘディングするプレーは正しく行わないとファウルになったり、下手をすると自分や相手がケガをしてしまう原因になるので、しっかりとポイントを覚えましょう。

まず大事なのは相手よりも先に落下地点に入ることです。相手が落下地点にいる場合は、体を入れなければいけません。相手の後ろから手をかけて覆いかぶさると、ファウルになります。

競り合いヘッドは手の使い方がすべて!

浮き球のボールに助走をつけて向かう

手を斜め前に出して相手をブロック

相手よりも先に落下地点に入ってヘディング

勢いを持ってボールを跳ね返す

チェックポイント

ヘディングするスペースをつくる

落下地点に早く入るには助走をつけて、少し距離をはかります。そして、相手とだいたい横並びになったタイミングで、片足で踏み切ってジャンプします。

前に相手がいる場合は、手をうまく使いましょう。斜め前に手を伸ばすことで、相手はジャンプしづらくなります。それにより、自分がヘディングできるスペースをつくり出します。

ヘディングは基本どおり、手を横に広げておでこの真ん中にボールを当てます。空中で競り合う時は体勢が崩れやすいので、着地でケガをしないように気をつけましょう。

ボールをそらせるように

バックヘッドを教えましょう

てっぺんに当てる

当てるポイントは一度手で触れて確認する

体をそらせる

上半身を伸ばしボールをしっかり目で追う

チェックポイント

例外的なヘディング

ヘディングの基本はおでこの真ん中にボールを当てることですが、例外もあります。それがバックヘッドです。あえて頭のてっぺん（後頭部）にボールを当てることによって、前から向かって来たボールを後ろに送るというテクニックです。

バックヘッドの良いところは、ボールを飛ばす方向が読まれづらいことです。コーナーキックで浮き球を後ろにそらす場合など、意表を突きたい場面で行うと効果的です。

練習メニュー

ヘディング列車

4人で一列に並び、中2人がバックヘッド。ボールを落とすことなく前後に一往復させるため、3人目がヘッドで戻すタイミングで中2人は180度回転し後ろを向いた状態にならなければならない

チェックポイント

体をそらして後ろに送る

バックヘッドでボールに当てる場所は頭のてっぺんですが、ただ当てるだけだと、真上に飛んでしまいます。ボールに当てる時に、体をそらすことによって、後ろに飛ばせます。

バックヘッドを習得するためのオススメのトレーニングは〝ヘディング列車〟です。4人が1列に並んで、3人はボールを持っているサーバーの方を向きます。サーバーから投げられた浮き球をバックヘッドでリレーします。通常のヘディングに比べてパワーが出にくいので、ボールをしっかりと突き上げることが必要です。ゲーム的な要素もあるので盛り上がります。

ダイビングヘッドを教えましょう

勇気を持って飛び込むために

まずは動きを覚えよう

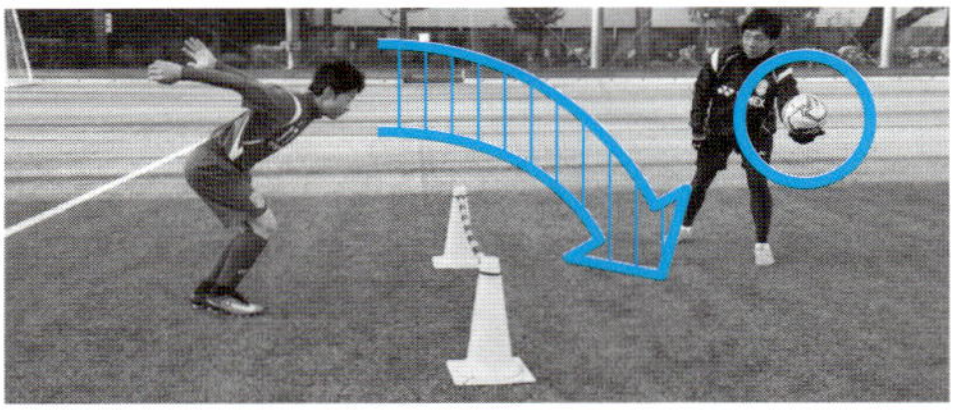

1 ボールを奥に置き、そこを目がけて思い切り頭からジャンプ

2 バーをこえたら最初に両手を地面につける

3 そのままクルッと前転する

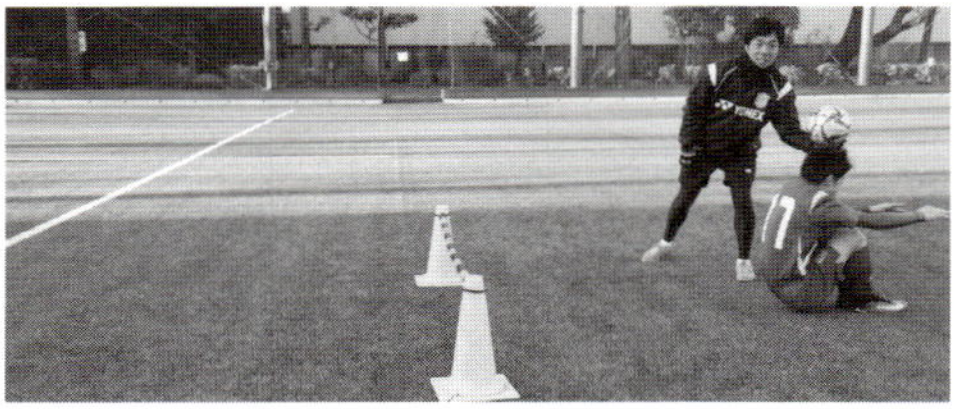

4 これがダイビングヘッドの動きになる

チェックポイント

ボールを使うことなく飛び込み前転で練習！

ダイビングヘッドに一番必要なものは「勇気」です。それと同時に「前へ体ごとジャンプして飛び込む」動きを覚えることが必要です。頭から地面に飛び込むのは、日常生活ではまずしない行為なので、トレーニングが必要不可欠です。最初はボールをつけずに練習してみましょう。私は子どもたちに高さ50㎝のバーを越えさせる「飛び込み前転」をやらせてイメージを作ります。

お父さんが投げてあげる

ボールを手前に低く放り投げる

思い切り頭から突っ込んでジャンプ

頭からボールに飛び込む！

ボールを見ながら低いボールに飛び込む

おでこの真ん中でボールをミート

地面に手を着きながら、頭で押し出す

チェックポイント

おでこの真ん中に当て両手を遠くに着いて

次にボールを使ってダイビングヘッドをやってみましょう。ボールに対して飛び込む時は「飛び込み前転」のイメージで手を着きながら突っ込みます。そして、ボールがおでこの真ん中に当たる瞬間までちゃんと目を開けた状態をキープします。ヘディングした後は地面に手を着いて、頭でボールを押し出します。体ごと前に出るイメージを持ちましょう。

注意点としては、顔を下に向けないということです。なぜなら下を見ると、ボールがどこにあるかがわからず脳天でヘディングすることになるからです。

PART 6 シュート

サッカーの教え方、教えます!

Contents

シュート①

コーンシュートを練習しよう

サイドネットを狙うために

チェックポイント

サイドネットを狙う

シュートはコースを狙って正確に蹴ることが大切です。これにはゴールポストの左右1mほどのところにコーンを立てたシュート練習が有効です。

この練習はGKから手が届かないシュートコースを体で覚えることが目的です。そこで、私は子どもたちに「サイドネットを狙いなさい」とアドバイスをしています。そうすれば自然にゴールポストとコーンの間を通り抜けるように蹴れます。

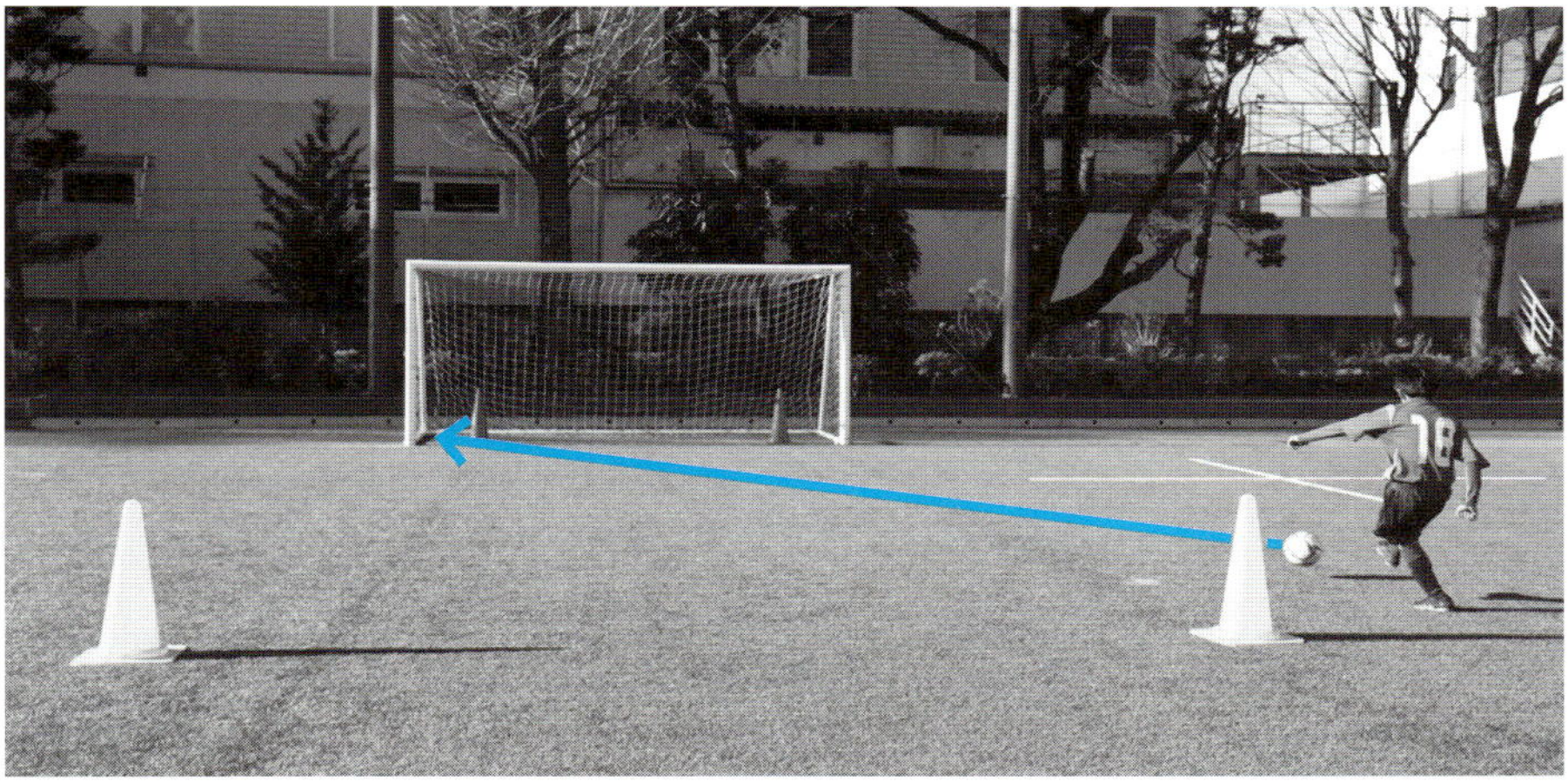

マーカーをかわしたらサイドのコースに向かって丁寧にシュートを打つ

ポストから1mに置く

左右下のシュートコースを目で見えるように設定する

コース限定シュート

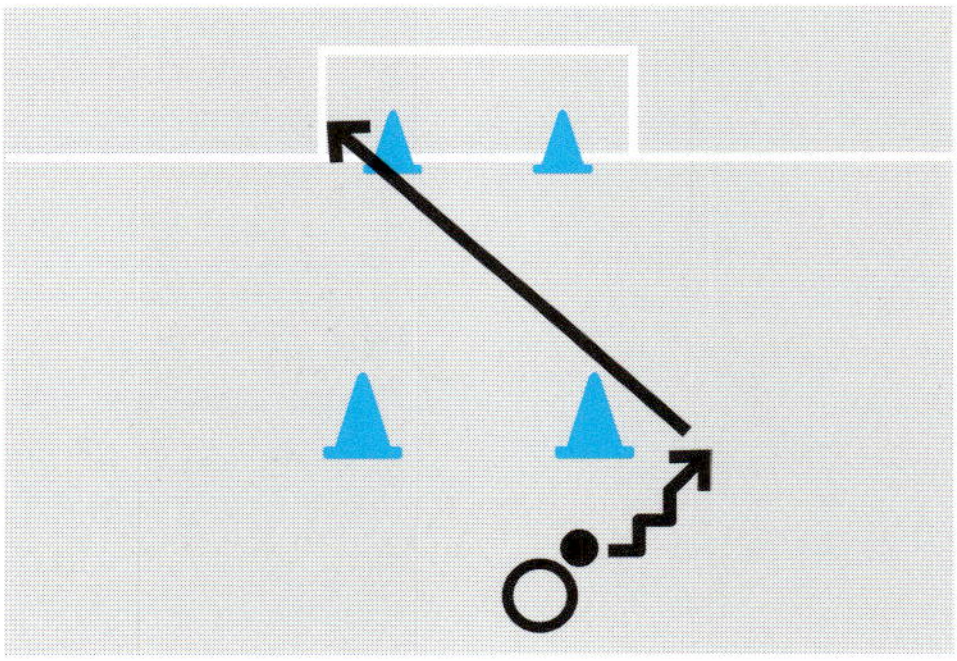

左右のゴールポストから約1mのところにコーンを置き、その間を狙う。コーンに当てないようにサイドネット目がけてシュートを打つ

チェックポイント

対角線上にシュートを打つ

左右のゴール下を狙ってシュート練習をする時は、「対角線上に蹴りなさい」と伝えています。なぜなら同サイドに蹴り込むとGKがフィールドの外側へ弾いてしまうからです。もし対角線上にシュートを打てばGKが内側にボールを弾く可能性があり、得点するチャンスがまたやってくることがあります。

右側から打つ時は手前のコーン＝相手を外側にかわし、インステップキックでコーンとゴールポストの間のシュートコースを通しましょう。左側も同じです。両側のサイドネットに正確に蹴れるように何度もやってみましょう。

シュート②

ゴールの四隅を狙うために ビブスシュートを練習しましょう

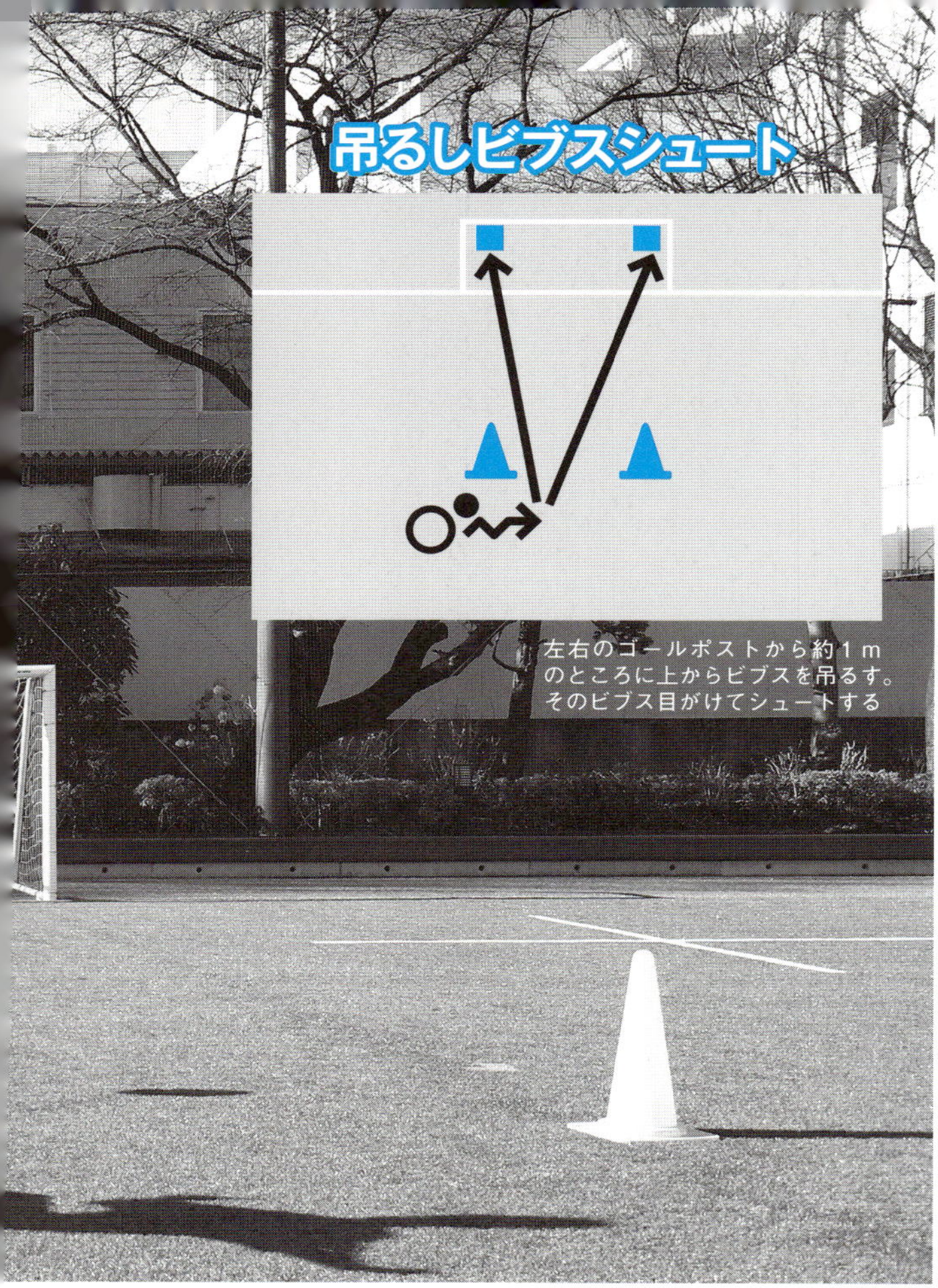

左右のゴールポストから約1ｍのところに上からビブスを吊るすす。そのビブス目がけてシュートする

チェックポイント

角上はＧＫが最も苦手

シュートでゴールの四隅を狙う理由はＧＫの手の届きにくいところだからですが、もう一つはゴールが決まる確率が最も高いコースだというのがデータとして出ているからです。

特に左右の上の角はＧＫがどうすることもできないシュートコースです。ゴールに吊るしたビブスを狙わせるシュート練習は、自然と四隅を狙う意識が生まれます。子どもたち自身も盛り上がるので、体で覚えるには最適です。

ビブスをぶら下げる
ビブスはクロスバーの後ろにあるネットに引っ掛ける

コーンの内側にドリブルでかわし、ボールをこすり上げて対角線上にあるビブスに向かって足を振り抜く

チェックポイント
インフロントキックでこすり上げる

ビブスを落とすシュート練習は上のコースを狙わなければならないのでインフロントキックを用いるのが良いと思います。ボールを浮かせるにはこすり上げるように蹴るイメージを持ちましょう。

P124〜125ではコーンとゴールポストの間を狙って低いボールを蹴りましたが、上を狙う時も対角線上のコースにシュートを打ちましょう。

左側から蹴る時はコーン＝相手を内側にかわし、インフロントキックでボールをこすり上げるように蹴って、右側の角上にあるビブスを目がけてボールを飛ばします。

浮き球シュートを練習しましょう

ボールに合わせるタイミングをつかむために

自分で"リフティング"する

チェックポイント

浮いた球も打つ練習を

一般的なシュート練習では軽くドリブルしてから打ったり、グラウンダーのパスを出してもらって打ったりすることが多いですが、実際の試合になれば、地面にあるボールばかりを打てるわけではありません。むしろ、サイドからのクロスや、ロングフィードなど、浮いているボールに合わせなければいけないシーンは予想以上にたくさんあります。浮き球のシュート練習はやっておいて損はありません。

クロスバーを狙う
5

インステップシュート
4

バウンドシュートはタイミングとタメが大事。だから、しっかりとボールを引きつけよう

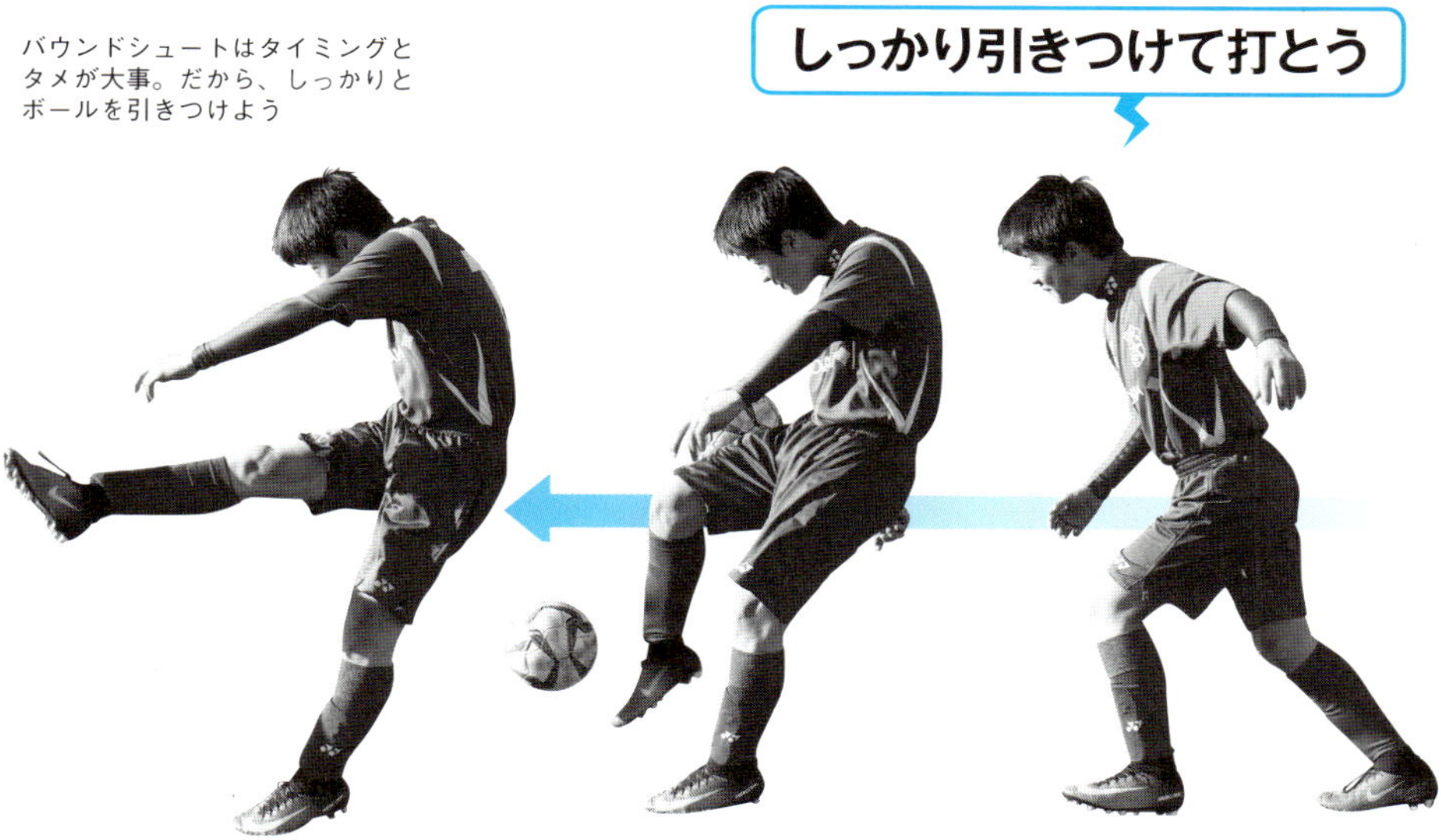
しっかり引きつけて打とう

チェックポイント

弓のようにしならせる

私がチームでよくやっているのが、「リフティングシュート」です。リフティングからボールをポーンと蹴り上げて、落ちて来たところをボレーでシュートするというトレーニングです。

最初はワンバウンドさせてから打って、タイミングをつかめたら浮き球をダイレクトで打ちます。クロスバーに何本当てられるかをチーム内で競争してもよいでしょう。

大事なのはボールをしっかり引きつけることです。弓のように蹴り足をしならせておいて、ボールの落下に合わせて膝下を素早く伸ばしながらインパクトすれば、強烈なボールが飛ぶはずです。

シュート④

相手をかわして素早く打つために

Wコーンシュートを練習しましょう

コーンを相手に見立てる!

2つのコーンは相手が左右に動けそうな間合いをイメージして設置する。だいたい左右に歩幅一歩分がいい

チェックポイント

シュートを打つにはかわし切らなくてOK

ゴール前ではスペースと時間がありません。でも、最低限のシュートを打つ空間と時間さえつくり出せればゴールは狙えます。たとえばドリブルを仕掛けている時に目の前の相手さえかわせたらシュートが打てる場面がありますが、完全にかわし切る必要はなく、シュートさえ打てたらOKです。だから、私は子どもたちにズラしてシュートを打つ練習をやらせています。

コンパクトに足を振り抜く

ドリブルを仕掛けてシュートを打てる間合いで横にボールをズラす。素早くボールに対して立ち足を踏み込み、コンパクトに足を振り抜く

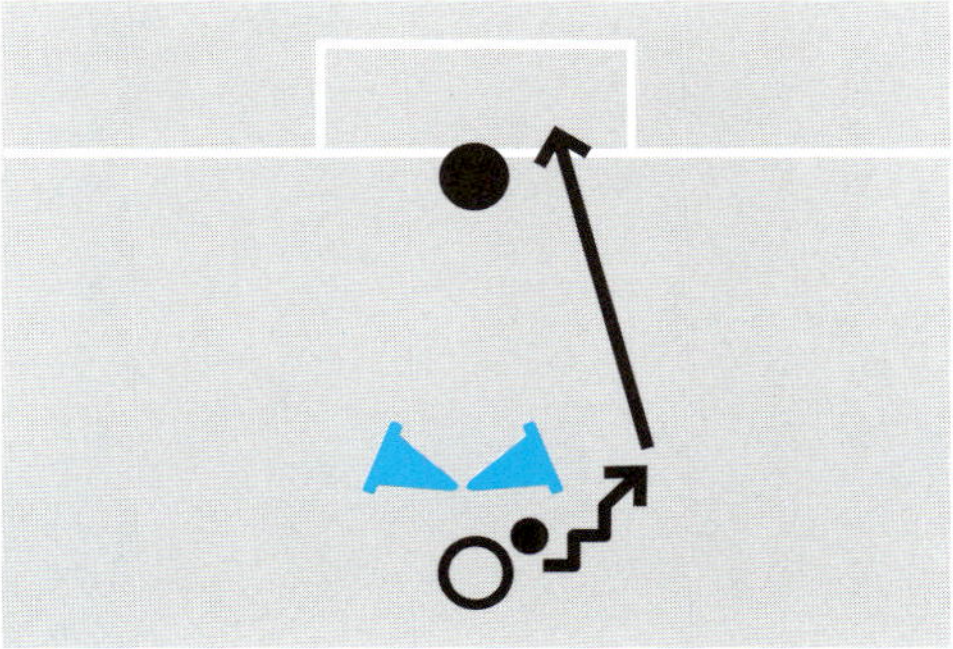

Wコーンシュート

慣れてきたら右斜め、左斜めにコーンを設定して違う角度を練習してもOK

チェックポイント

ズラして素早く打つ感覚を養う

私がよくやっているのが、ゴールの正面にコーンを2つ倒して置いて相手に見立て、ドリブルさせながらボールを横にズラしてシュートを打たせる練習です。この時、コーンの底辺側を外に向けて、なるべく障害を大きく作りましょう。

ポイントは、どれだけ横にズラして時間と空間をつくれば、素早くシュートを打てるかを身につけることです。ズラす距離が大きければシュートコースが狭まるし、小さければ相手に寄せられます。その感覚をイメージすることが大切です。また、ズラした後にGKを間接視野で捉え、ゴールの四隅を狙いましょう。

シュート⑤

こぼれ球への反応を早くするために

ジャングルシュートを練習しましょう

実際の試合でも起こる！

ランダムにコーンを並べてボールがイレギュラーするように設置する。これはゲームでも起こり得る

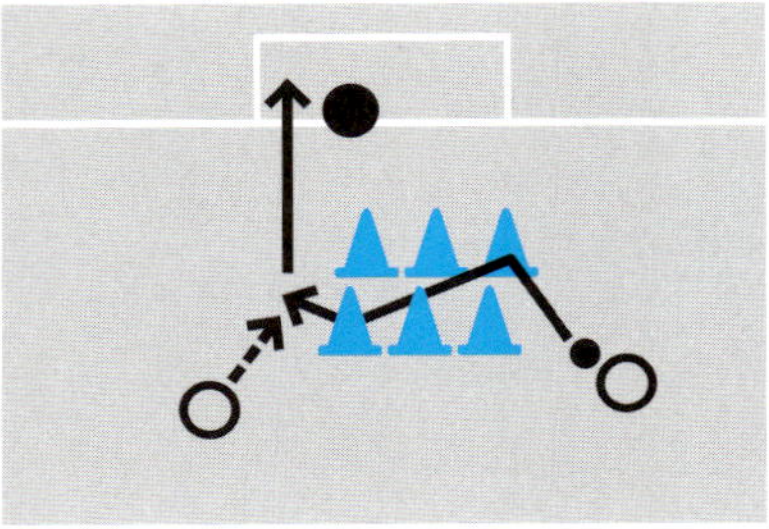

ジャングルシュート

コーンを密集させてゴール前の状況をつくり出す。そこにボールを蹴り込み、こぼれ球をシュート

チェックポイント

ゴール前のような状況を設定する

ゴール前は人が密集しているため、どんなボールが自分の目の前にこぼれてくるかわかりません。相手の足に当たってコースが変わることもあります。

練習法は、ゴール前にコーンをたくさん置いて、そこを目がけてパスを出し、予測のつかないボールをシュートさせます。この練習はコースが変わるだけでなく、ボールが浮いたりもするので実戦向きです。

わざとイレギュラーさせる

パス出し役はいつもより強めにボールを蹴る。イレギュラーしたボールに素早く反応し、どんなシュートがいいかイメージ

走り込むコースを変える

ボールがこぼれてくる位置に合わせて、走り込むスピードやコースを変化させて、落ち着いてシュートを打つ

チェックポイント

どんなボールになるかはお楽しみ

パス出し役がゴール前にランダムに立てられているコーンを目がけてボールを蹴ります。その時、少し強めに蹴ることがポイントです。パスが弱いとコーンを抜けない可能性があるので注意してください。

パスを出した人でさえも、どんなボールになるのかわからないので、シューターはよくボールを見て、走り込むスピードやコースを変化させることが求められます。なおかつ、ボールに合わせて最適なシュートの打ち方を考えて、素早く実行しなければいけません。

どんなボールになるかお楽しみのメニューは子どもにも大人気です。

シュート⑥

強いシュートの打ち方を教えましょう

ミドルシュートを打てるように

踏み込んで

立ち足はグー1個分空けて踏み込み、ギュっと体をひねって足を振る

ボールを見る

手を1時と8時の方に向け、踏み込むタイミングをしっかりはかる

チェックポイント

力を入れすぎない

「強いシュートを打とう」と言うと、多くの子どもたちが必要以上に足を振り上げたり、助走をすごい長くとったりして、普段通りではない、よそゆきのフォームで蹴ろうとします。私が子どもたちにいつもアドバイスしているのは「強いシュートを打つためには力を入れすぎない」ということです。ミドルシュートを得意とする選手のフォームに注目してみてください。きっと、そのことに気づくはずです。

ゴールから10mの場所でサーバーが左右に転がすボールを何度も力強くシュートする。左右の足でチャレンジしてみよう

やってみよう!

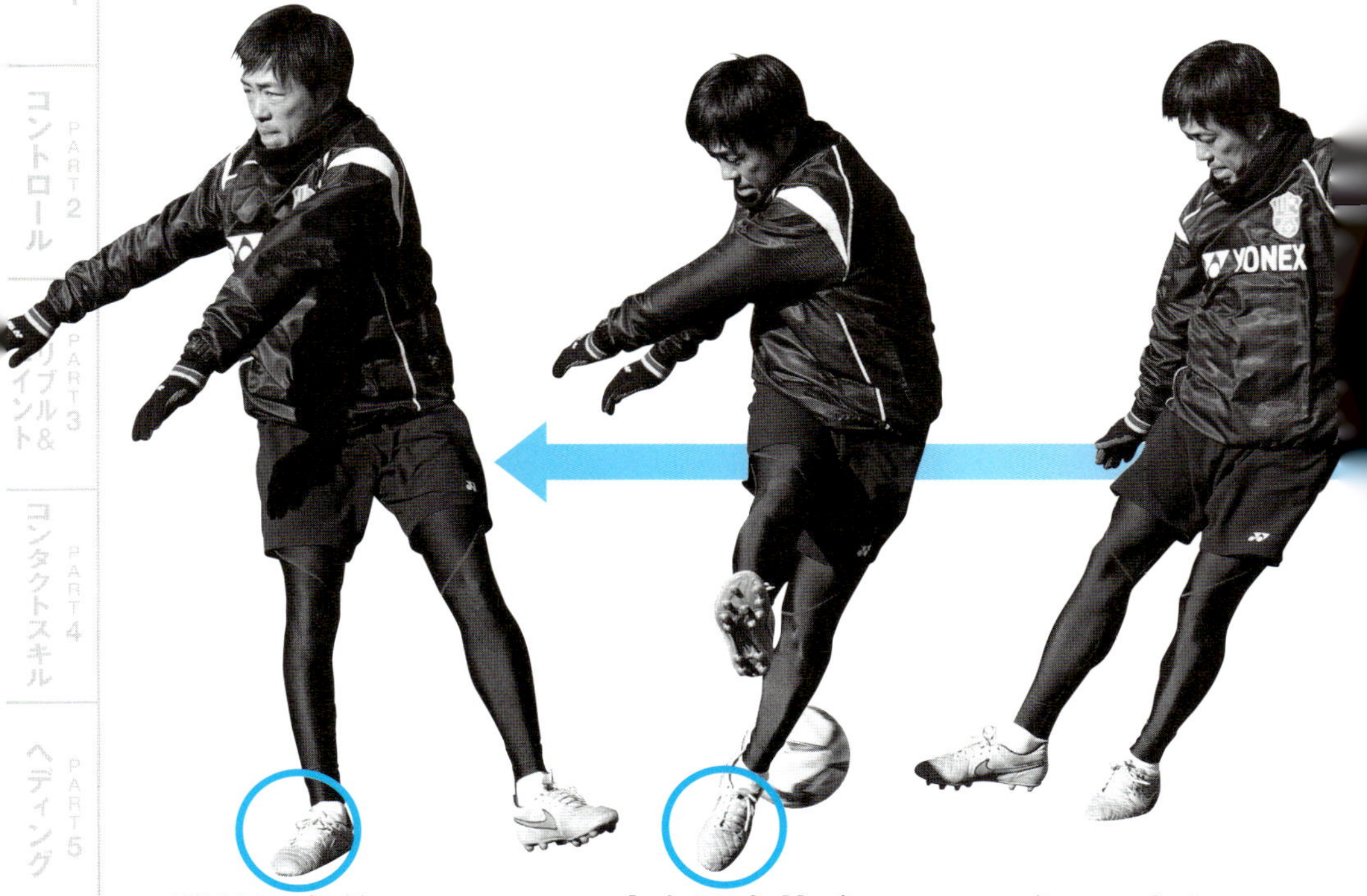

蹴り足を前へ

ボールに全体重を乗せているので、自然と体も前に出る

立ち足を抜く

インパクトの後は立ち足を地面から離す（抜く）

シュート!

ボールをよく見て、足の甲（インステップ）で捉える

チェックポイント

立ち足を抜くと全体重が乗る

では、どうすれば強烈なシュートを打てるのでしょうか。ポイントは、実は蹴り足ではなく立ち足にあります。コーチのお手本を見れば、あることに気づくはずです。それが、蹴った後に立ち足が地面から離れていること。これを「立ち足を抜く」と言います。ボールを蹴ると同時に立ち足を抜くことで、全体重をボールに乗せることができます。立ち足が地面に着いたままだと、地面の方向にパワーが逃げてしまうので、ボールの勢いが弱くなってしまいます。

　ボールを蹴った後、そのままジャンプするように前に出るのが理想的な蹴り方です。

シュート⑦

クロスからゴールを決めるために❶

ゴール前で合わせるポイントを教えましょう

チェックポイント

左右の枠内に立つこと

試合中、ゴール前ではサイドからのクロスボールに合わせるシチュエーションがたくさんあります。そのシーンではボレーシュートがあればヘディングシュートなどもありますが、ここではボレーで話をします。

ただ、どのシュートにも一つ共通するポイントがあります。それは「左右のゴールポストの内側にポジションをとる」ことです。これだけは、子どもたちに口が酸っぱくなるまで何度も言い続けています。

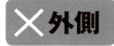

クロスを合わせるポイント

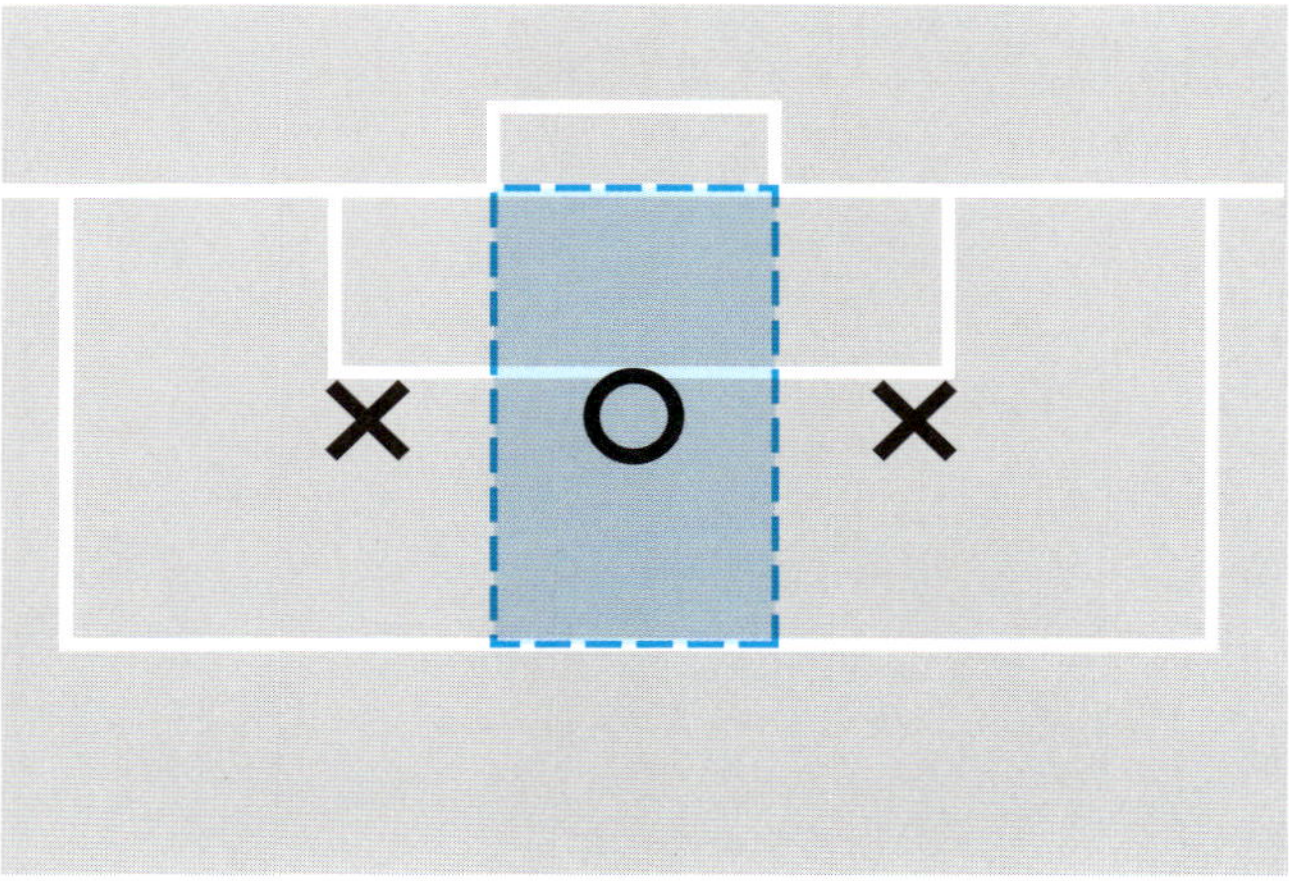

ゴールポストの

× 外側

外側に立つと相手が目の前に立てばゴールもシュートコースも見えにくくなる

○ 内側

内側に入ればゴールがよく見え、シュートコースがたくさん空いているのがわかる

こう見える

目の前に障害物があったとしてもその隙間からゴールが捉えられる

ゴールポストより内側

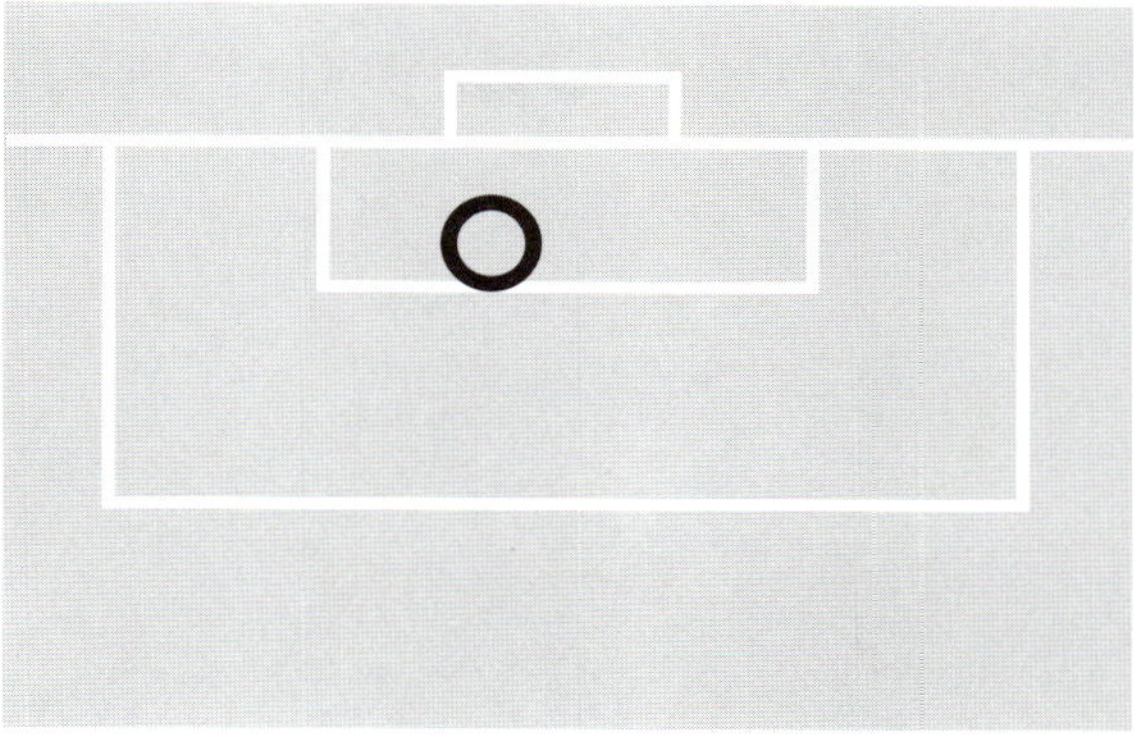

こう見える

もし障害物があると、ほとんど隙間がなくコースが見つけられない

ゴールポストより外側

チェックポイント

シュートはボレー含めポジショニングが大切

なぜ左右のゴールポストの内側にポジションをとるのかというと、それがボレーシュートを打つ時に最もゴールが広く見えてシュートコースが作りやすいからです。

ゴールポストの外側に立つと一目瞭然ですが、ゴールが小さく見えるうえに、シュートコースが少ししかありません。一度ゴールの中心から10mほど離れた場所で半円を描くようにゴールを見ながら歩いてみると、どの角度でどのくらいのシュートコースがあるのかがわかると思います。

シュートは蹴る技術も大事ですが、ポジショニングも同じぐらい大事です。

シュート⑧

クロスからゴールを決めるために❷

クロスからのシュートを教えましょう

ボレーのコツは

ボールを引きつける

×

上からボールを叩く

チェックポイント

クロスボールはバウンドさせて打つ！

今度は、実際に横からのクロスボールに対して合わせるボレーシュートを練習してみたいと思います。ボレーのポイントはワンバウンドさせて蹴ることだと、私は子どもたちにアドバイスしています。

なぜなら横からの高いクロスに対してノーバウンドで合わせるのは高度な技術が必要なので、ワンバウンドさせてシュートを合わせた方が簡単になるからです。

練習メニュー

ワンバウンドボレー

下手で投げる

サーバーが横から高いボールを投げる

ワンバウンドする

ワンバウンドするまでボールを引きつける

ボールを叩く！

体の勢いを止めずにボールを上から叩きつける

チェックポイント

ボールをふかさないように

ボレーシュートの練習をする時はサーバーが横から高いボールを投げてあげてください。

うまくシュートを打つコツは、ボールをしっかりと引きつけることです。ボールがバウンドした瞬間に上から叩くように蹴ります。上からボールを叩きつけることで、低い弾道で、スピードのあるシュートを打つことができます。

チャンスだからといってシュートを打ち急いでしまうと、ボールを正確にインパクトすることができず、ゴールの枠をとらえられなくなります。特にボールの下を蹴って、ふかさないように気をつけましょう。

シュート⑨

GKが反応しづらいコースを教えましょう

確実にシュートを決めるために

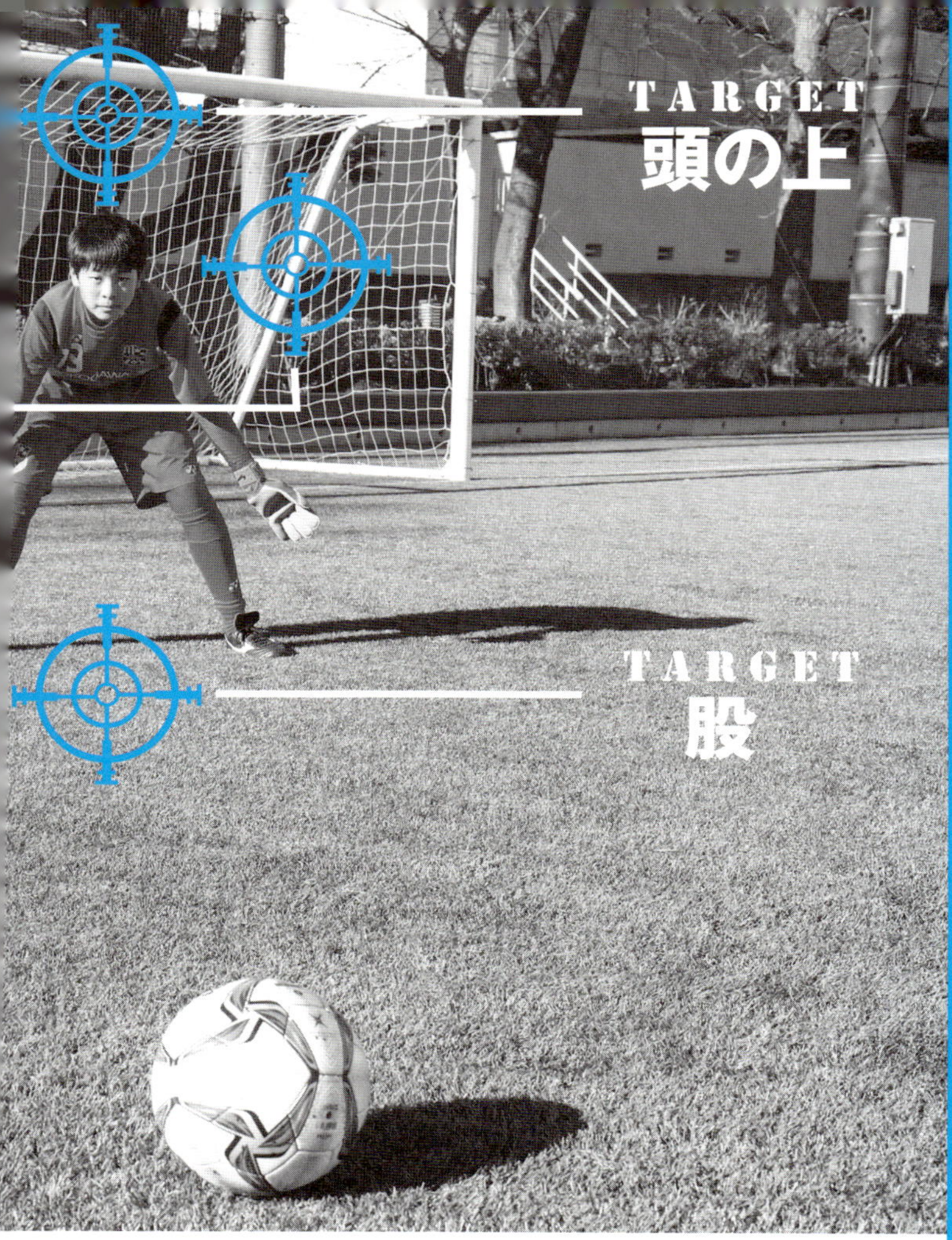

チェックポイント

手が出ない場所を知る

GKとの1対1は1試合に数回しか訪れない決定的なチャンスです。しかし、実際にはGKにシュートを止められてしまうことも少なくありません。なぜでしょうか。大きな要因は、GKが苦手なコースにシュートを打てていないからだと思います。どんなに優れたGKであっても、ここに打たれたら止めづらいというコースはあります。それを知っているか知らないかで、シュートの決定率は変わります。

ポイントはこの３つ！

頭の上、顔の横、股の３つのコースがなぜ GK の弱点なのか。実は体の構造上、手が出しにくい角度だからです。また GK は必ずシュートされたボールを目で追いますが、この３つは特に目で追いにくいポイントだからです。

チェックポイント

苦手なコースを目安に GKを見ながら探る！

フィールドプレイヤーがGKをやってみると、なぜかとりづらい、手が出にくいコースがあることに気づくはずです。具体的には「股」、「顔の横」、「頭の上」です。ここにボールが飛んで来ると、GKは一瞬反応するのが遅れます。裏を返せば、シューターとしては狙いどころになります。

GKとの1対1は、蹴る技術はもちろんですが、同じくらいメンタル面も重要です。GKの動きを見ながら、どれだけ冷静に3つのコースを探れるか。それができれば、あとはタイミングよくコースに蹴るだけです。

シュート⑩

GKとの1対1を教えましょう

決定的チャンスで慌てないために

どっちが正解？

GKとの1対1のシーン。できるだけゴールへの最短距離を向かうのか、コースを変えたほうがいいのか。どちらがゴールを決めやすいかを考えてみよう

チェックポイント

コースを狭めさせない

GKとの1対1は試合の中で1回訪れるかどうかというビッグチャンス。確実に決めたい場面です。逆に、GKにとっては止められたら一気にチームに流れを引き寄せられるチャンスでもあります。

1対1はシュートの技術はもちろん大事ですが、GKとどれだけ駆け引きをするかが重要です。GKのペースに巻き込まれてしまうと、気がつけばシュートコースを消されてしまいます。

○良い例 GKの手前でかわす

GKが前に出てくることを予想して斜めに切り返す

GKは横の動きに反応が遅れるのでシュートコースが空く

×悪い例 まっすぐに向かう

GKに対してまっすぐにドリブルを仕掛けてしまった

間合いを詰められてシュートコースを消されてしまう

チェックポイント 1対1のコツは先手必勝

GKとの1対1のポイントはズバリ"先手必勝"です。GKにとって1対1は大ピンチなので、シュートコースを狭めるために、前に出てきます。こちらが「まだまだ遠くにいる」と思って、まっすぐにゴールに向かっていたら、GKの間合いになってしまいます。

GKが足下にあるボールに飛び込んでくる間合いの目安は3メートル以内です。決定的チャンスだからといって大事にボールを持ちすぎると、シュートを打つこともできません。GKを3メートルぐらいまで引きつけて、手前で角度を変えて空いたコースに流し込みましょう。

PART 7 コンビネーション

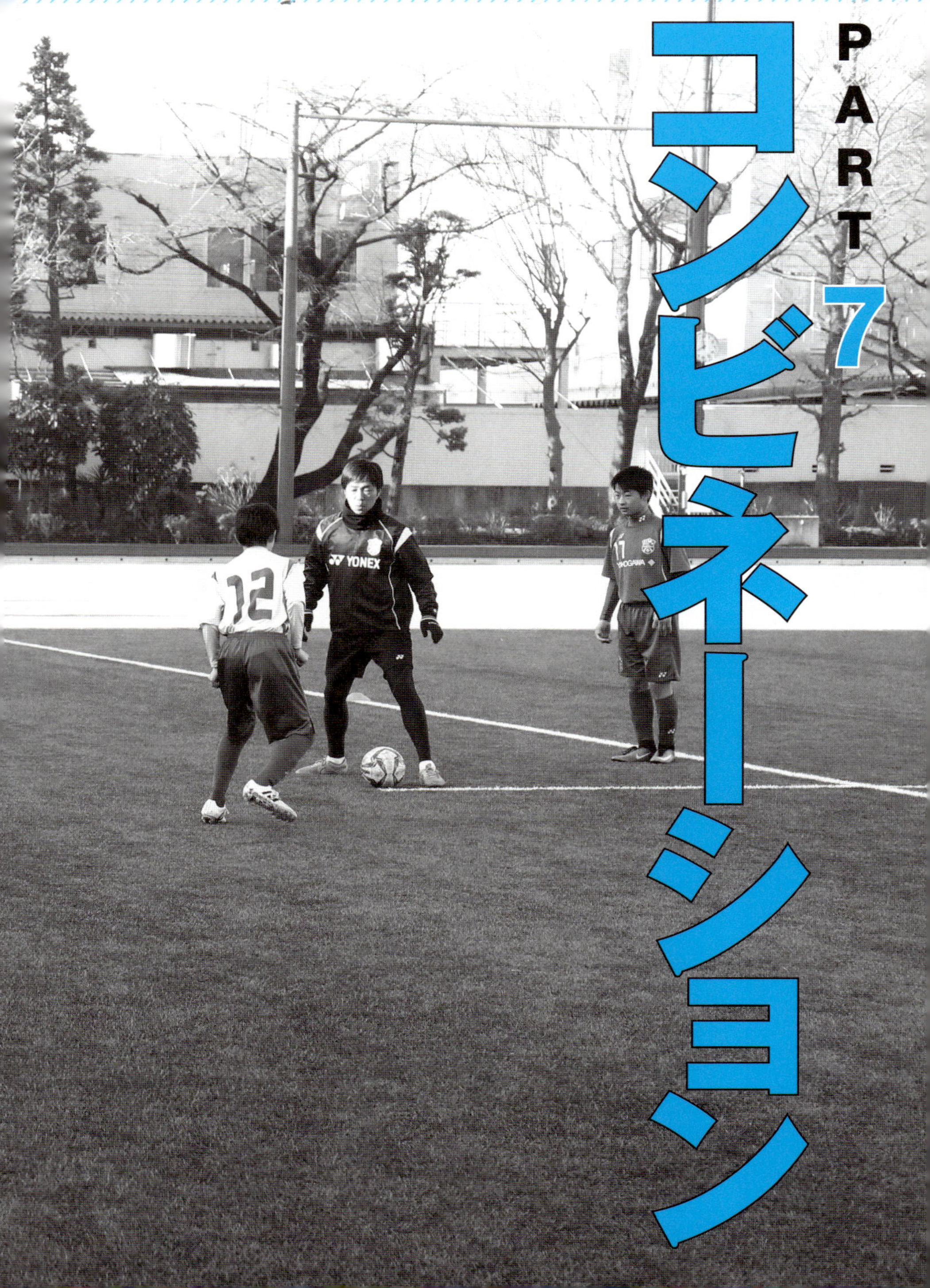

サッカーの教え方、教えます!

Contents

裏をとる動きを教えましょう

チャンスをつくるために

裏をとる

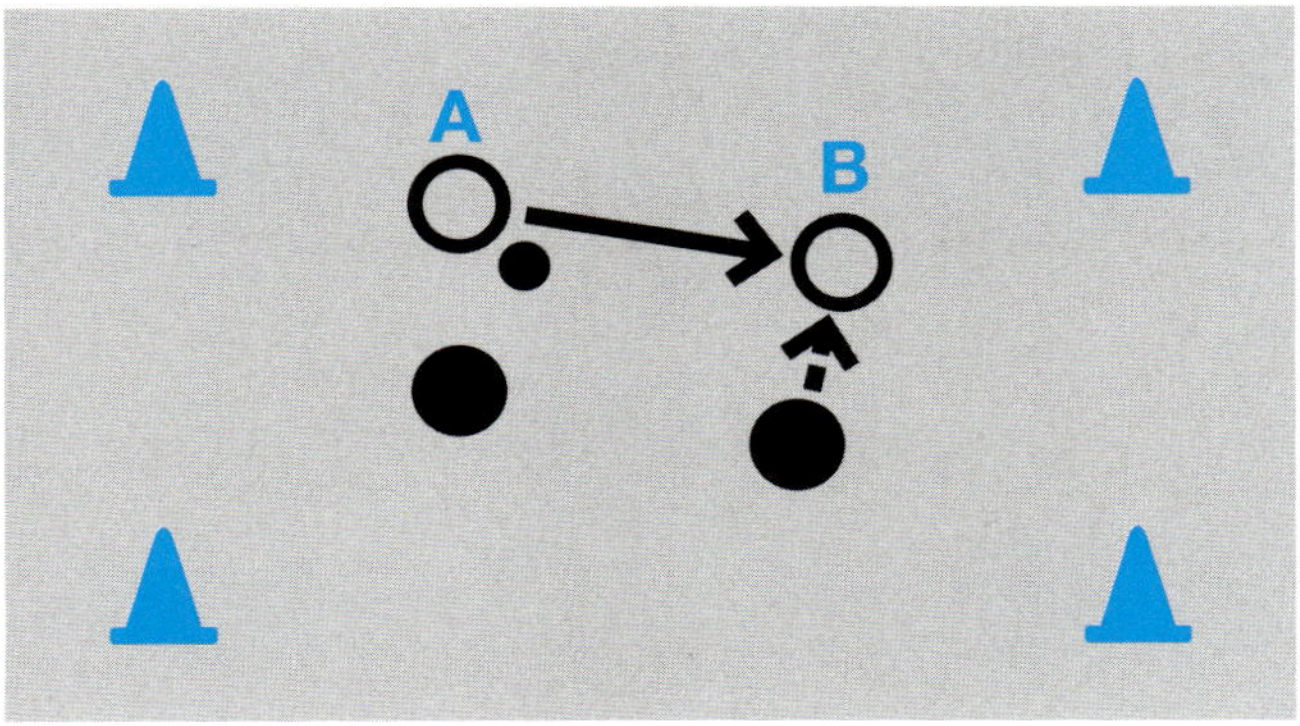

1 ボールを持っていない選手が足下でパスを受けて、マークを引きつける

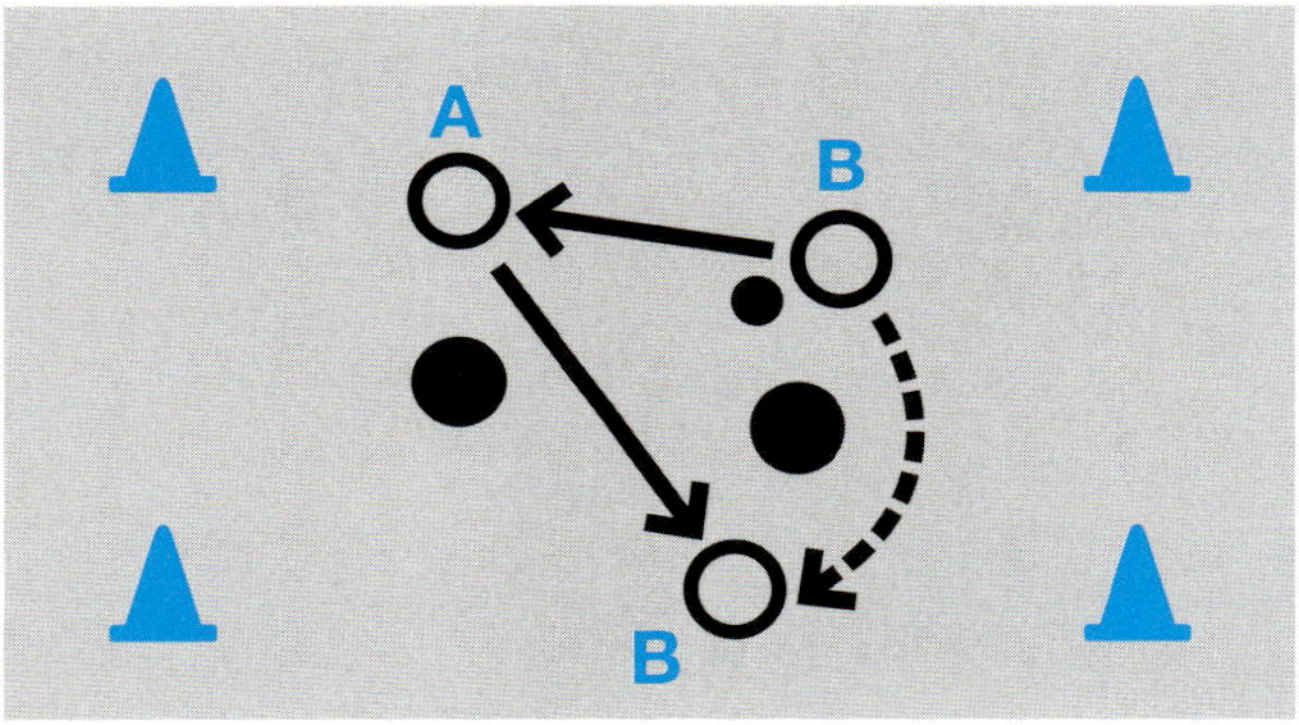

2 そうするとその背後にあるパスコースがガラ空きになる

チェックポイント

背後のスペースを狙う

攻撃を仕掛ける時に最も狙いたいのが「裏」です。裏というのは、相手の背後のスペースのこと。ここでパスを受けることができれば、すでにマークが外れている状態なので、大きなチャンスになります。ボールを持っていない選手は、「どうすれば裏をとれるか」を考えて、相手と駆け引きしなければいけません。また、ボールを持っていない選手は、味方が裏をとったら、タイミングを逃さずにパスを出しましょう。

①Bがボールをもらうために動く
②ワンタッチでAにリターン
③Bがマークの背後に動く
④Bのマークはボールウォッチャーになっている
⑤Aから背後のスペースにパスが出る

チェックポイント

相手をボールウォッチャーに

もちろん、ディフェンスも裏をとる動きは警戒しています。単純に裏に走っても、フリーになることはできません。そこで大事になるのが、ディフェンスを〝ボールウォッチャー〟にすること。ボールウォッチャーというのは、ボールだけを見ている選手のことです。

たとえば、パスを1回受けて、すぐにリターンします。ボールが移動すれば相手は目で追いかけます。ボールを持っていない選手は、自分から視線を外した瞬間を狙ってスピードアップしましょう。このようなコンビネーションでは、2人が同じイメージを描いていることが重要です。

コンビネーション②

パスを受けるために

動き直しを教えましょう

動き直す

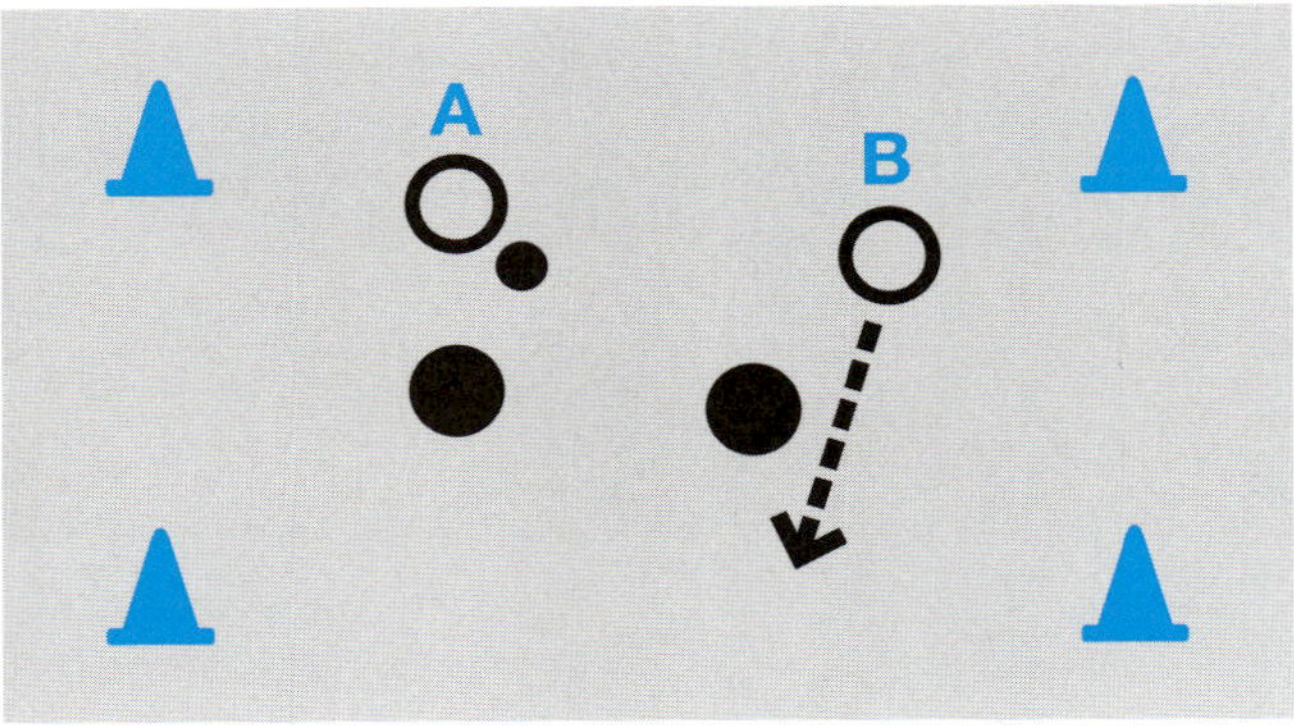

① 足下でパスをもらうため、前に行くフリをして相手を一歩下げる

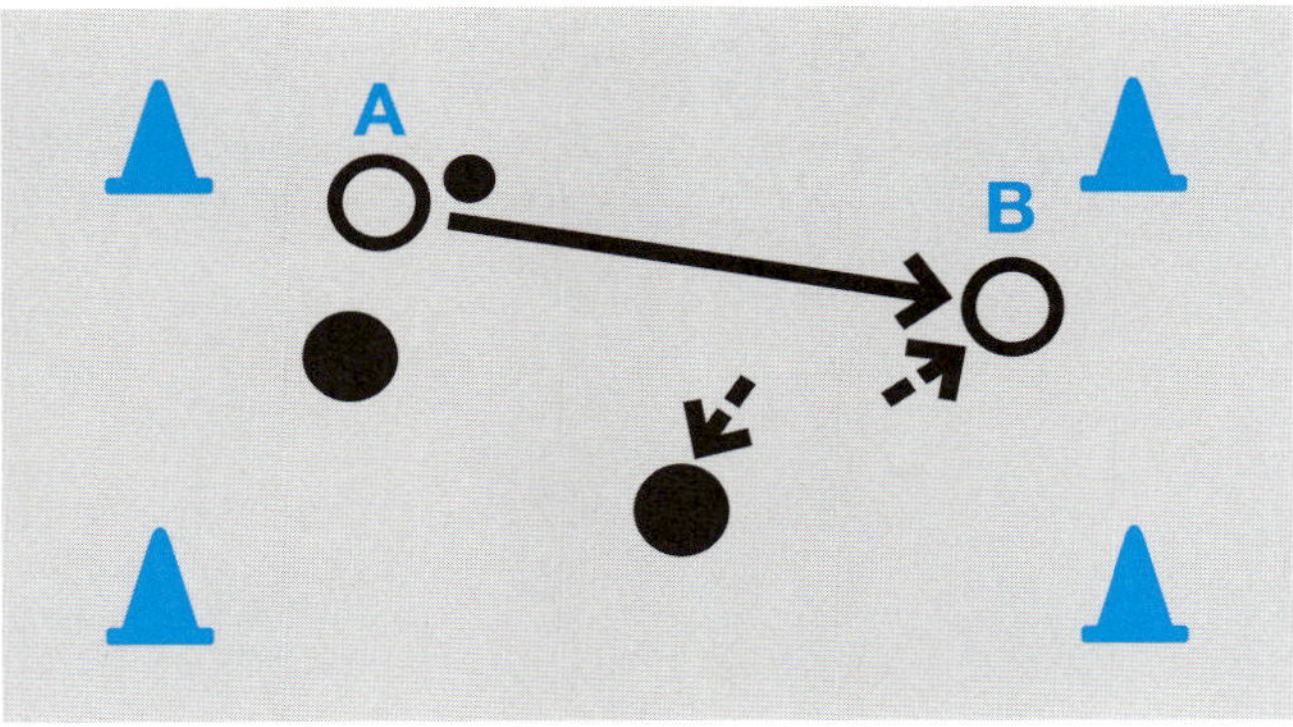

② 相手が反応した瞬間に自分も一歩下がりパスを受けるスペースをつくる

チェックポイント

スペースをつくる

ボールを受けられなくてイライラしている選手には「動き直しの重要性」を教えましょう。動き直しというのは、最初の動きをやめて、次の動きに切り替えることです。ここで大事になるのが相手の状況を見ることです。こちらの動きに対して、相手がついてきているかどうか。自分がパスを受けたい場所に動くだけでなく、相手を見ながら柔軟にプレーを変える引き出しの多さが必要になります。

①Aがパスコースを探している
②Bが相手の背後をとる動きをする
③相手の背後に入ったタイミングで止まる
④Bはバックステップしてフリーになる
⑤Aからパスを受けて前にコントロール

チェックポイント

バックステップを覚えよう

たとえば、相手の背後に走り込んで受けようと思ったけど、必死についてきた場合。そのまま裏に走っても、パスは出て来ません。相手が裏をとられることを警戒しているなら、足下でパスを受けるプレーに切り替えます。「裏で受ける動き」と「足下で受ける動き」。常に2つの選択肢を持っておきましょう。

動きのテクニックとして覚えておきたいのが前を向いたまま後ろに下がる「バックステップ」です。後ろに下がる時に、バックステップであれば、常にボールを持った選手を見ることができるので、いつパスが出て来ても対応できます。

味方を生かすために

オトリの動きを教えましょう

スペースを空ける

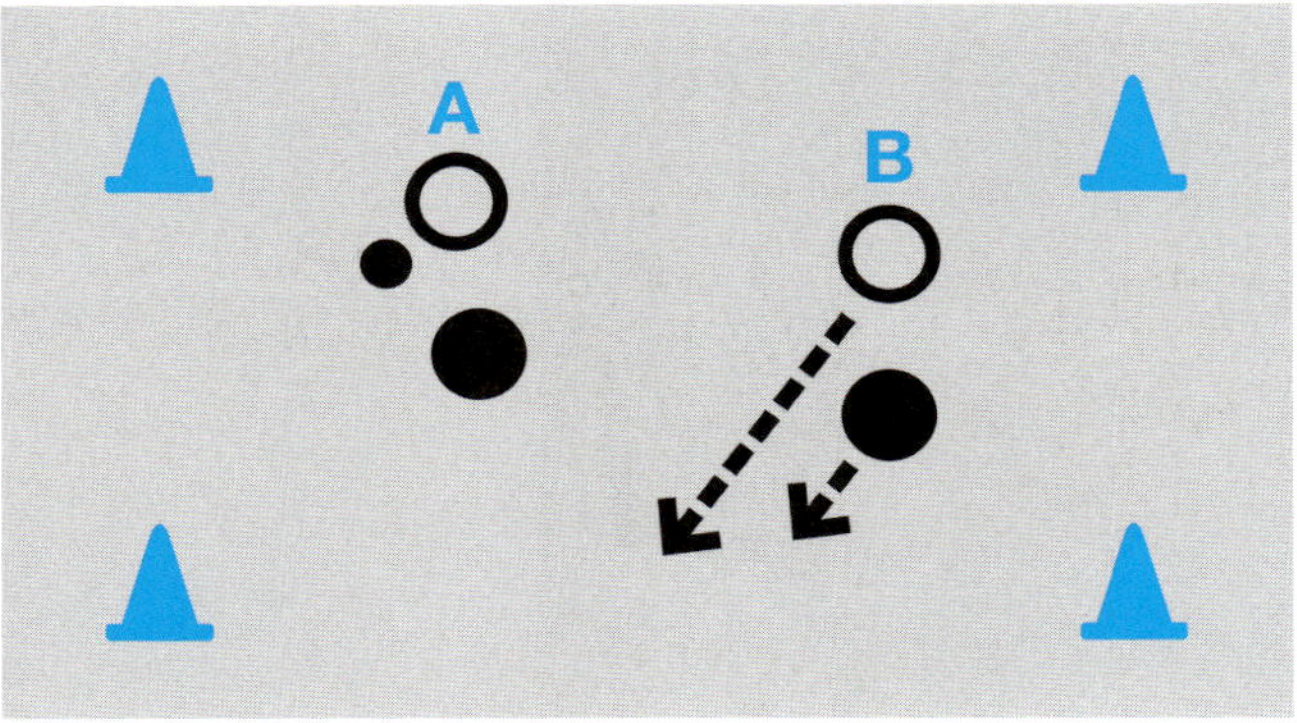

① 相手の背後を受け手が狙って走り、引きつける

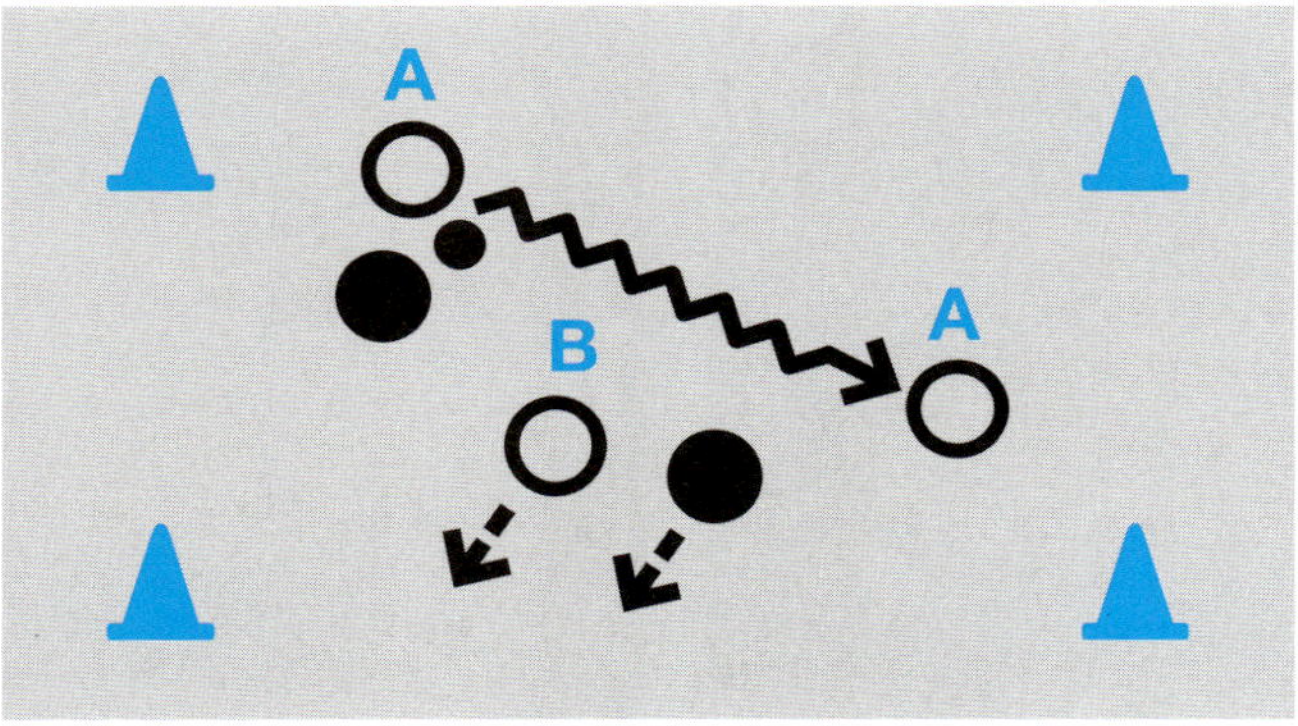

② ボールを持っている選手がスペースを活用する

チェックポイント ボールをもらわない

裏をとる、動き直すなどボールを受けるための動きを覚えたら、今度は「スペースをつくる動き」もバリエーションに加えましょう。必ずしも、すべての場面で自分がボールを受けようとする必要はありません。味方の選手がプレーしやすくなるように、自分のマークを引きつけ、スペースをつくることも試合の中では求められます。その時の状況によって「主役」にも「脇役」にもなれるのが良い選手です。

①Bが斜めに動き出す
②Bのマークがついてくる
③Bがもともといた場所にスペースができる
④Aが空いたスペースにボールを運ぶ
⑤Aが前を向いて仕掛けていく

チェックポイント

味方の良さを生かしてあげる

賢い選手は、ボールを持っていない時に、自分がどこに動けば、どこにスペースができるかをイメージすることができます。

たとえば、ドリブルが得意な選手がボールを持ったら、斜め前のスペースに走り込んで、自分のマークを引きつけます。それによって、もともと自分がいたスペースを空けて、味方の選手に利用させる。自分の動きで相手を引きつけることによって、ドリブルが得意な選手をより生かすのです。

このような動き出しが、実は「攻撃のスイッチ」になっているということは少なくありません。

数的優位をつくるために

オーバーラップを教えましょう

チェックポイント
2対1の状況をつくる

サッカーの試合中、サイドバックの選手が前方にいるボールを持っている選手を追い越していくシーンがたびたび見られると思います。これが「オーバーラップ」です。オーバーラップの目的は、瞬間的に「2対1」の状況にして、ボールを持っている選手に選択肢をつくることです。「サイドを追い越した選手にパスを出す」あるいは「オーバーラップをオトリにして中にドリブルする」という2つの選択肢が生まれます。

オーバーラップ

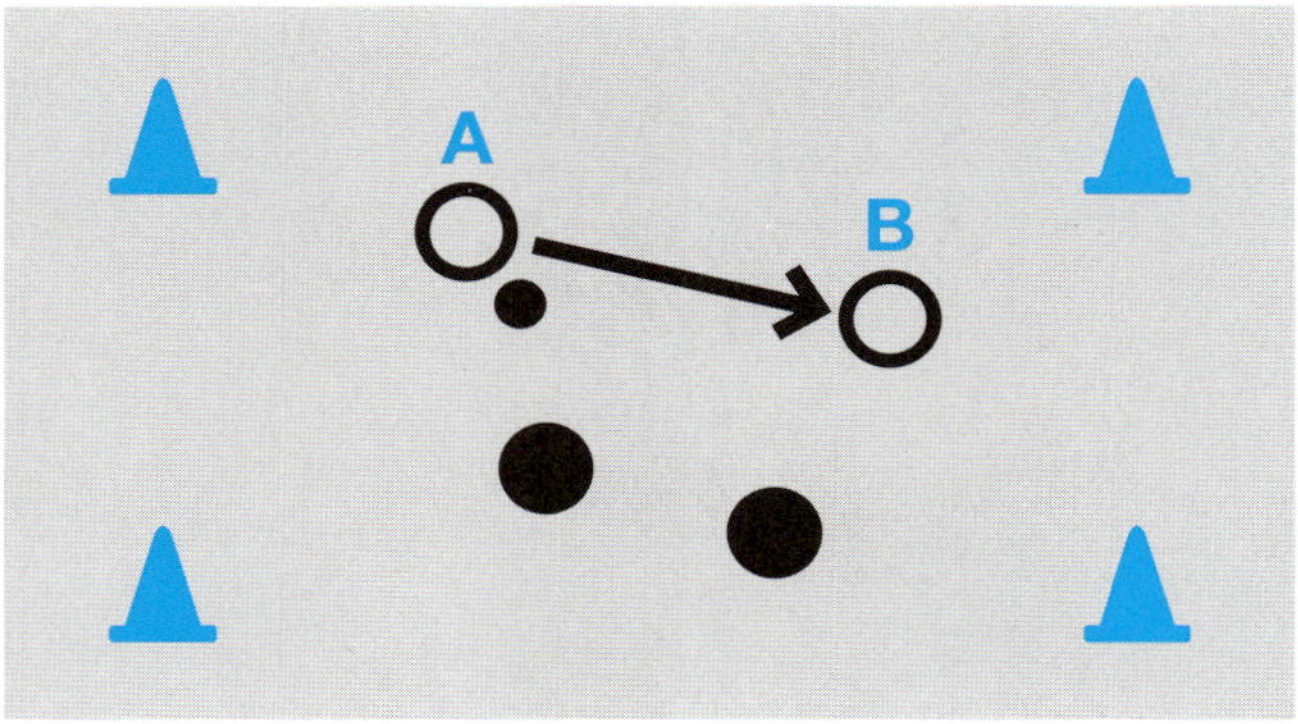

① ボールを持っている選手からシンプルにサイドにパスが出る

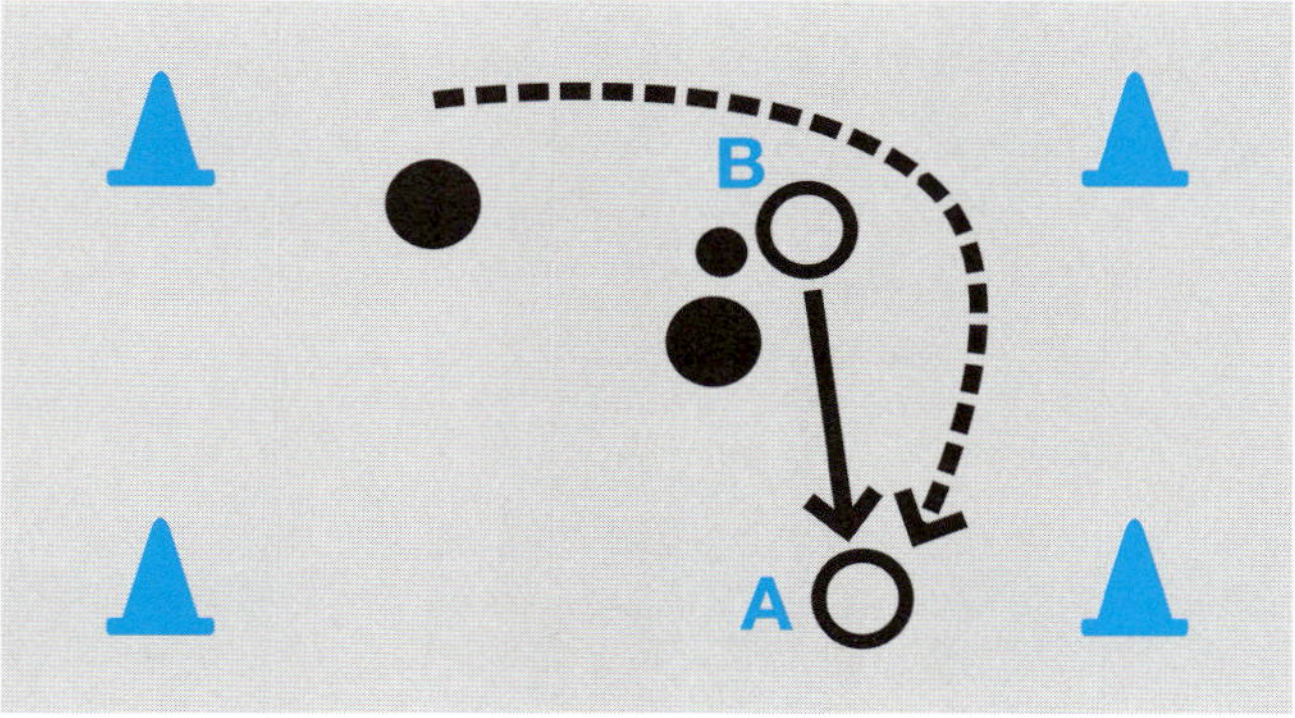

② パスを出した選手が、そのまま外側を回ってリターンを受ける

やってみよう!

1
A
B

2
A
B
パスを出した
選手が近づく

3
A
B
中にボールを
運ぶ

4
B
A
パスを出した
選手が外を回る

5
B
A
フリーになった
選手にパス

①AがBの足下にパスを出す
②パスを出したAがBの方に近づく
③Bがドリブルで中に運んで……
④AはBの外側を回って追い越す
⑤フリーになったAがパスを受ける

チェックポイント

中に運んでマークを引きつける

オーバーラップを生かすためのポイントは、パスを受けた選手が中にドリブルで運んでいくこと。それによって自分のマークを中に引きつけ、オーバーラップした選手をフリーにします。

オーバーラップをする選手は、どのタイミングで味方を追い越すのかが重要になります。あまりに早く動きすぎると、相手に読まれてしまうからです。

ボールを持っている選手とボールを持っていない選手。2人のイメージがしっかりとシンクロした時に、美しいコンビネーションができるのです。

コンビネーション⑤

細かいステップを身につけるために

ラダートレーニング

前後左右斜めにステップワークする！

×悪い姿勢　**○良い姿勢**

上半身が前かがみになっているため、足の力で体を運ぶことになる。足に負担がかかりケガの原因に

体の軸をまっすぐにキープしながらしっかりと骨盤に上半身をのせる。これが基本的なラダーの姿勢

チェックポイント

サッカーに不可欠なステップが学べる！

私はウォーミングアップでラダー（はしご）トレーニングを取り入れています。コンビネーションでは、細かいステップや、相手の逆を突く動きが必要になります。それを身につけるためにラダートレーニングは最適です。

体の軸をブラさず、足の運びを素早くスムーズにできれば、体の大きな相手にも俊敏性（アジリティ）で対抗することができます。

メニュー① クイックラン(1ステップ)

＊基本姿勢をキープ
＊顔をしっかり上げる
＊足を素早く運ぶ

足の運び方

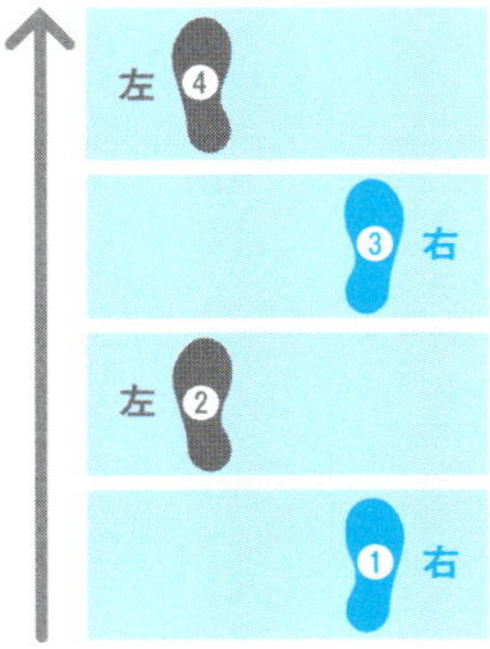

ポイント

1マスに一歩足を運び、まっすぐ前を向いた状態で進む。膝を高く上げすぎると前に進みにくいため、程よく高く上げて足を素早く回転させる。

メニュー②

ラテラルラン

* 基本姿勢をキープ
* 顔をしっかり上げる
* 足を素早く真横に運ぶ

足の運び方

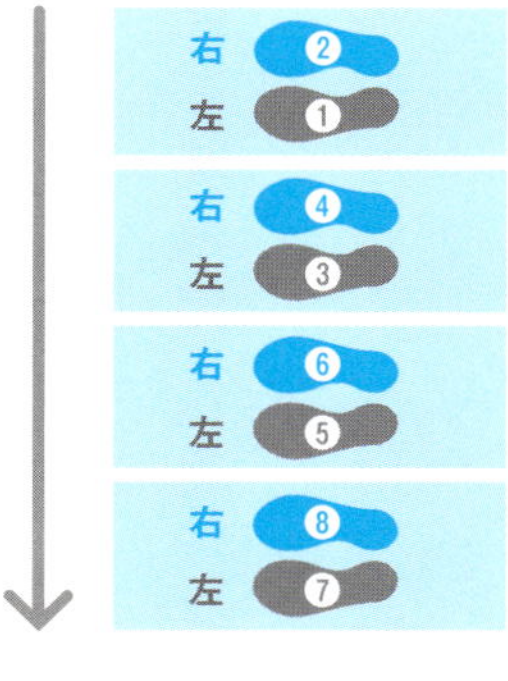

ポイント

1マスに一歩ずつ真横に足を運び、まっすぐ前を向いた状態で進む。膝は程よく高く上げて足を素早く動かす。姿勢が崩れやすいので注意しよう。

メニュー③ シャッフル

＊基本姿勢をキープ
＊顔をしっかり上げる
＊リズミカルに足を運ぶ

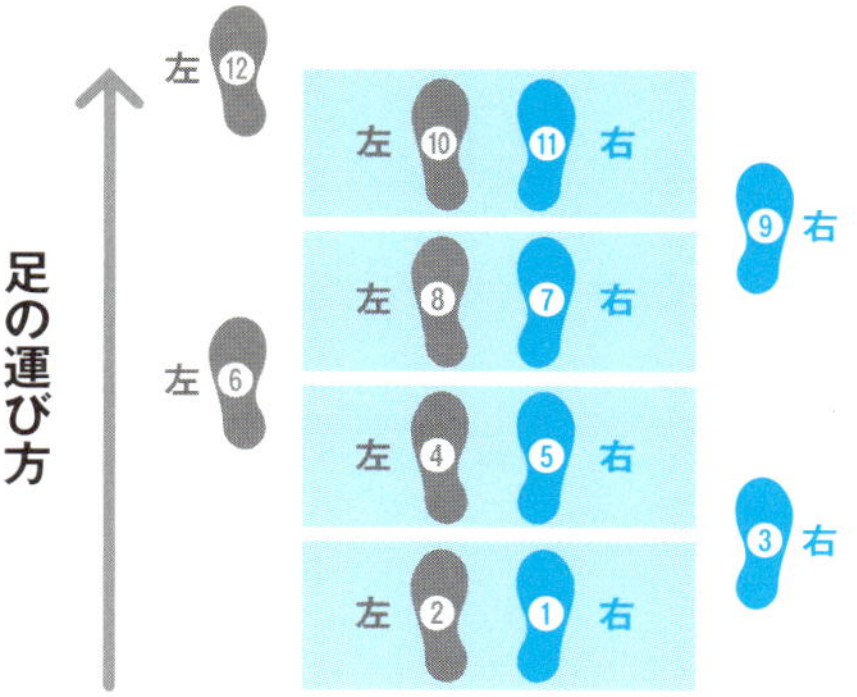

ポイント

1マスごとに「中・中・外（右）」「中・中・外（左）」とステップを踏む。最初はゆっくり動きを確認して、徐々にスピードを上げてリズミカルにステップできるように。

メニュー④ スラロームジャンプ

＊基本姿勢をキープ
＊足を交互に入れ替える
＊軸を安定させる

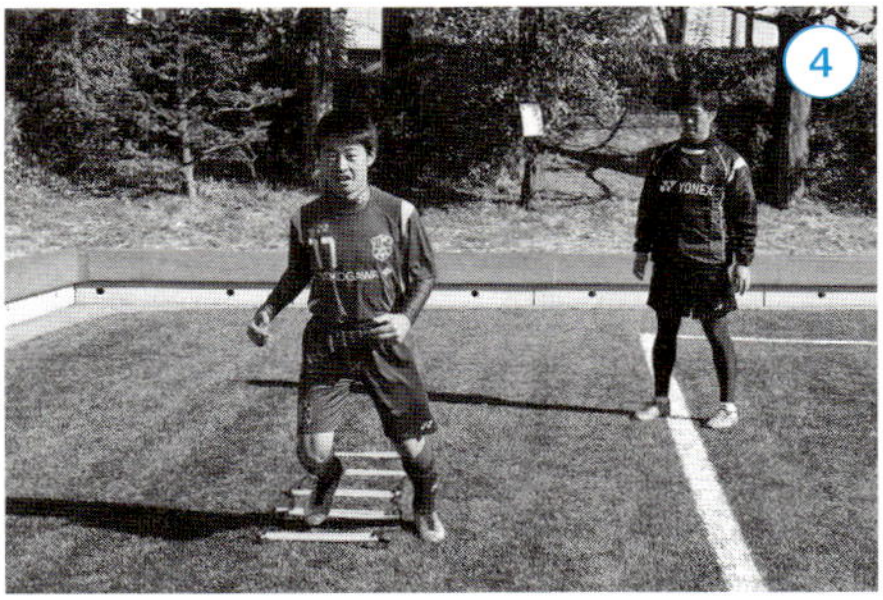

足の運び方

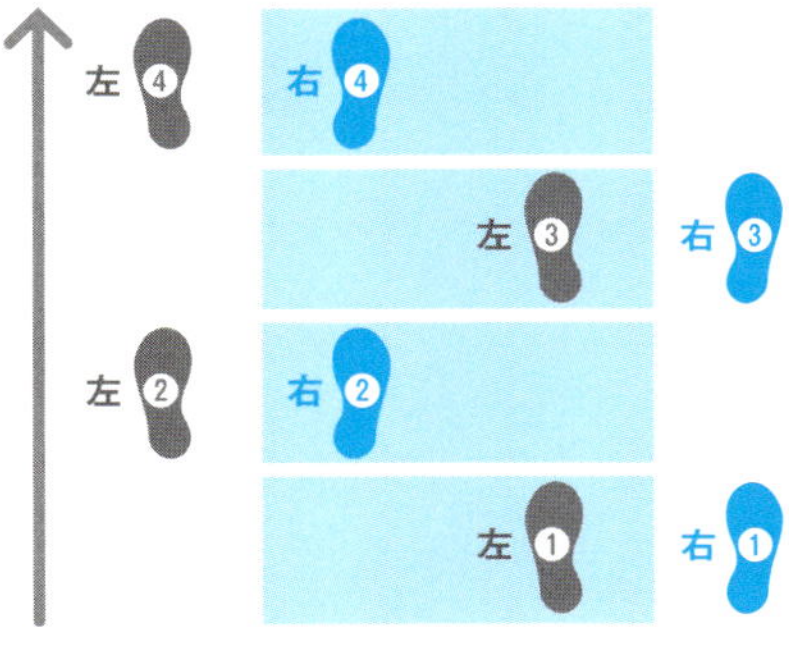

ポイント

両足ジャンプで斜め移動を繰り返す。右に跳んだら左足がラダー内に着地し、左に跳んだら右足がラダー内に着地する。上半身はあまり左右にブレないように、軸を安定させる。

メニュー⑤ ラテラルラン（2イン2アウト）

＊基本姿勢をキープ
＊腕の振りを連動させる
＊リズム感を大切に！

足の運び方

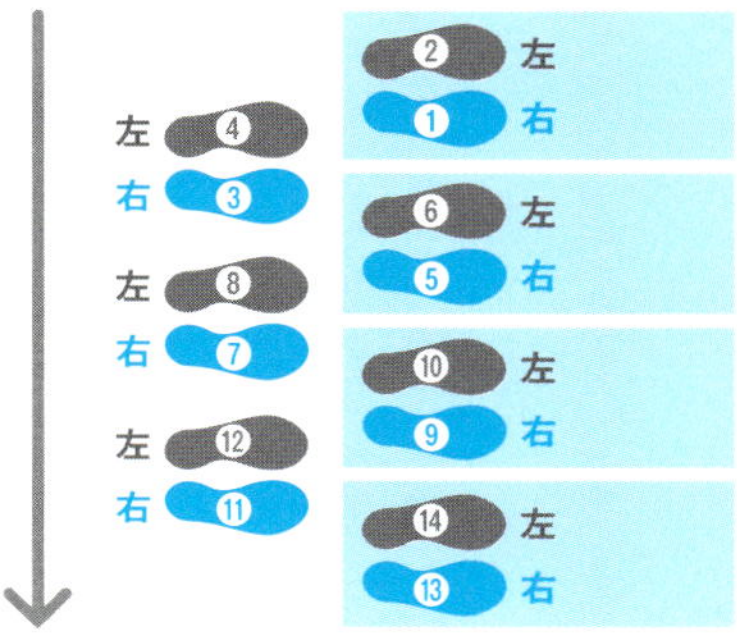

ポイント

進行方向の足から動かし、ラダーの中→外→中→外……とステップを踏んで、横に移動していく。足の動きと連動させてしっかり腕を振ると、スムーズに早く動くことができる。

GK
PART 8

サッカーの教え方、教えます!

Contents

GK①

コーディネーションを練習しよう

体をうまく使えるように

チェックポイント

コーディネーションはGKにとって不可欠！

GKに必要なものはバランス感覚、リズム感、反応力です。当然フィールドの選手も必要なものですが、手を使える唯一のポジションであるGKならではの動きやテクニックがあります。そのため、ウォーミングアップでコーディネーション能力が高まるようなトレーニングを取り入れるといいでしょう。私は特に手を使うトレーニングを意識的に考えてやらせています。

GKに必要な「コーディネーション」とは？

バランス

リズム

反応

二点倒立

腕を使ったバランス感覚を養うのに適したコーディネーショントレーニング

安本ポイント

両手で支えて体の軸をぶらさない!

三点倒立のような形ですが、頭はつけず、コーチが足を持ちます。GKは自分の体重を両手で支えながら、ぐらぐらしないようにバランスをとります。GKに必要な腕の力とバランス感覚を鍛えられます。

腕立て キャッチ&リリース

ノーマル

キャッチ

腕を使って

そのまま返す

足はそろえず、肩幅程度に広げることで左右に投げられるボールに備える。飛んできたボールを片手でキャッチし、しっかりと戻す

START

行くぞ!

安本ポイント

YONEX

左右にバランスを崩さないよう戻す

片腕でバランスを保ちながら、ボールフィーリングを同時に高めることが目的です。キャッチして投げ返すだけでなく、ボールをお腹の下をくぐらせて返すパターンなども加え、運動神経を刺激します。

腕の動かし方

ツイスト

ツイストはキャッチした後、ボールをお腹の下を通して逆から戻す。難易度が上がるから、よりバランス感覚と体全体の筋力が鍛えられる

GK②

ポジショニングを教えましょう

イージーミスをしないように

GKのポジショニング

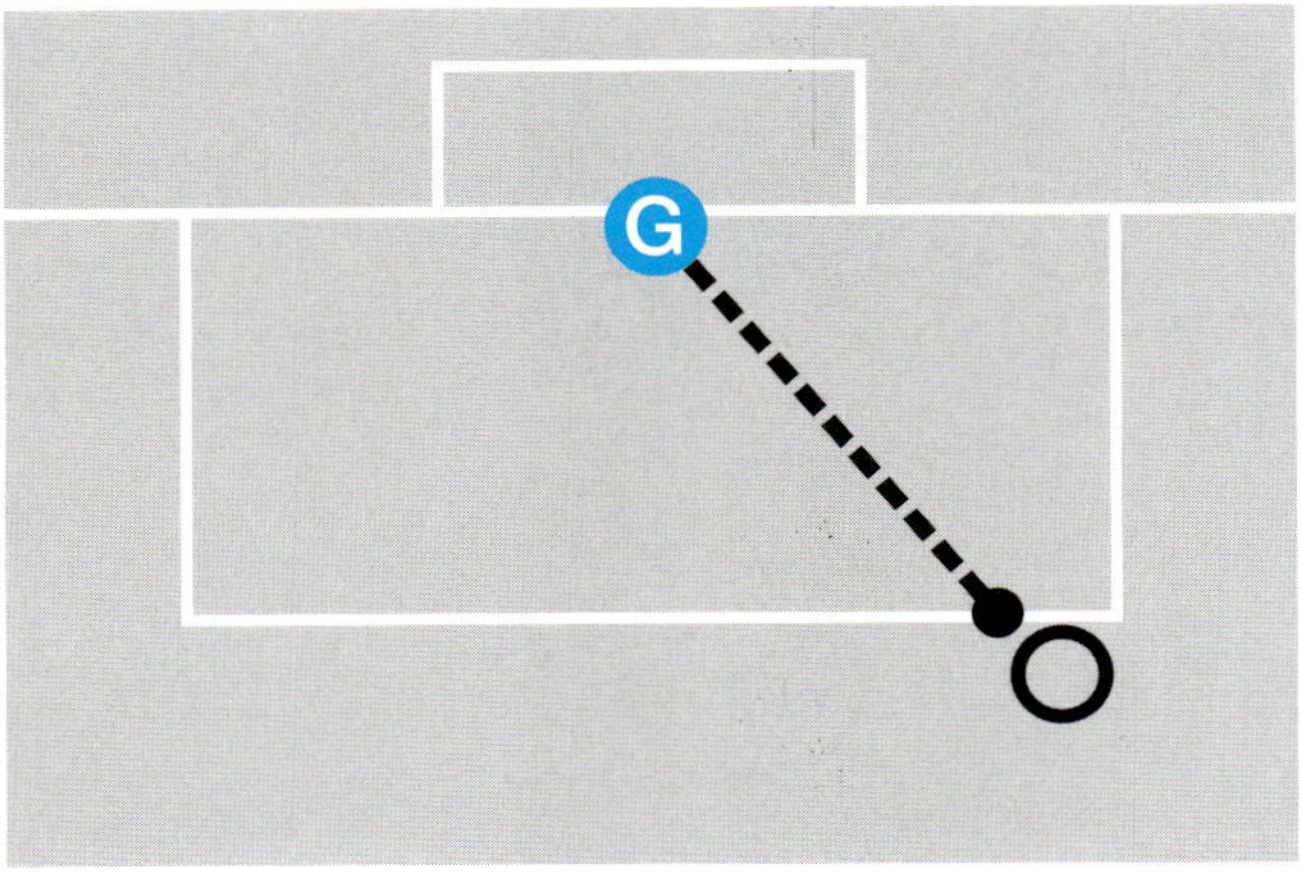

ゴールの中心とボールを結んだライン上に立つ！

左右どちらにボールが飛んできてもいいポジションをとる

チェックポイント

ゴールとボールを結んだ中心に立つ

まず教えてあげてほしいのが、ポジショニングです。相手がボールを持っている時は、「ゴールの中心とボールを結んだライン上に立つ」。これはGKの基本中の基本です。正しいポジショニングができていれば、派手なセービングをしなくても、体の正面でシュートを止めることができます。逆に言えば、ポジショニングが悪ければ反射神経が良くても、ゴールを守ることはできません。

✕ 悪い例

ファーに寄りすぎ

ファーを意識しすぎるあまり、
右側のニアがガラ空き

ニアに寄りすぎ

ボール側にポジションをとりすぎ、
ファーがガラ空きに

自チームの攻撃時にはカバーリングのためにポジションを高めにとるのが基本。GK は DF としての役割も担っている

ゴールにへばりつくと DF の背後を突くロングフィードでボールが飛んで来た時に素早くクリアすることができない

自分たちがボールを持っている時

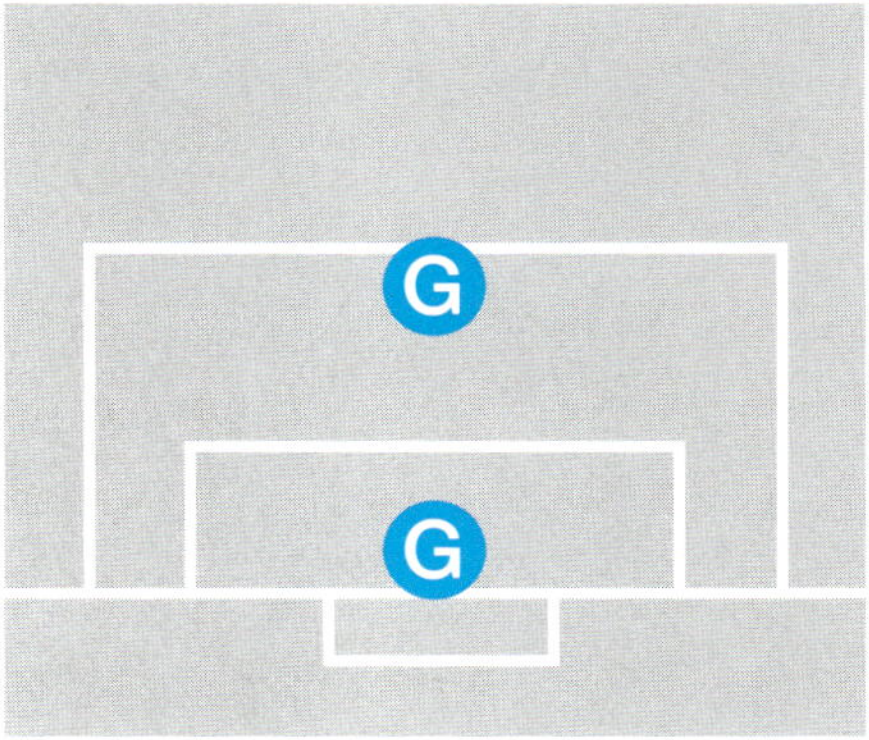

チェックポイント

シュートミスを誘発する

シューターの視点から見るとわかりますが、GKがゴールの中心とボールを結んだライン上に立っていると、シュートコースが狭く感じます。

シューターにプレッシャーを感じさせれば、難しいところを狙おうとするのでミスをする確率が上がります。シューターがミスをしたように見えても、実はGKのポジショニングによってミスをさせられていた……ということは珍しくありません。

また、自分のチームがボールを持っている時のポジショニングも重要です。DFラインの背後のスペースをカバーする、もう1人のDFとして高い位置をとりましょう。

ポジショニングのトレーニング

ミラー移動

合わせ鏡のように一緒に移動する

ゴールを向いたら構えをつくる

ドリブルに横移動でついていく

安本ポイント

ボール に合わせて GK もポジション移動

このトレーニングは手でボールを持ってゆっくりした動きから覚えさせ、徐々に実戦に近い形に難易度を上げていきます。ポジショニングはGKの生命線だと、しっかり認識させることが大切です。

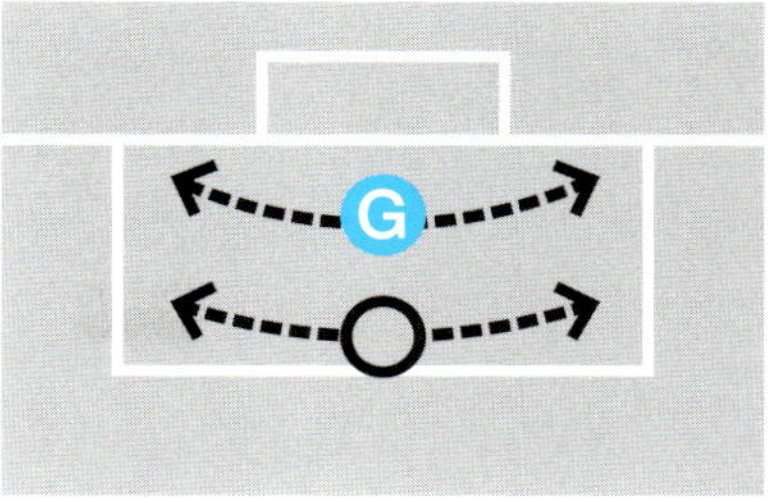

ゆっくりやってみよう！

GK と向き合ってスタート

GK はボールに合わせて移動する

スピードを上げよう

GK と向き合ってスタート

人ではなくボールにポジションを合わせる

GK③

ボールをしっかりとるために

キャッチングを教えましょう

正しいキャッチング

肘を曲げて体の真正面でつかむことがキャッチングの基本

つかむ時はボールの中心に対して手のひらで三角形をつくる

チェックポイント

手の平で三角形をつくる

キャッチングを教える時は、正しい手の形をつくるところからスタートします。まずはやってみましょう。

手の平を開いたまま前に伸ばす

↓

肘を曲げて自分の方に引きつける

↓

親指と人差し指が三角形の形になる

この「三角形」が、ボールをキャッチする時の手の形になります。

下のボールのキャッチング

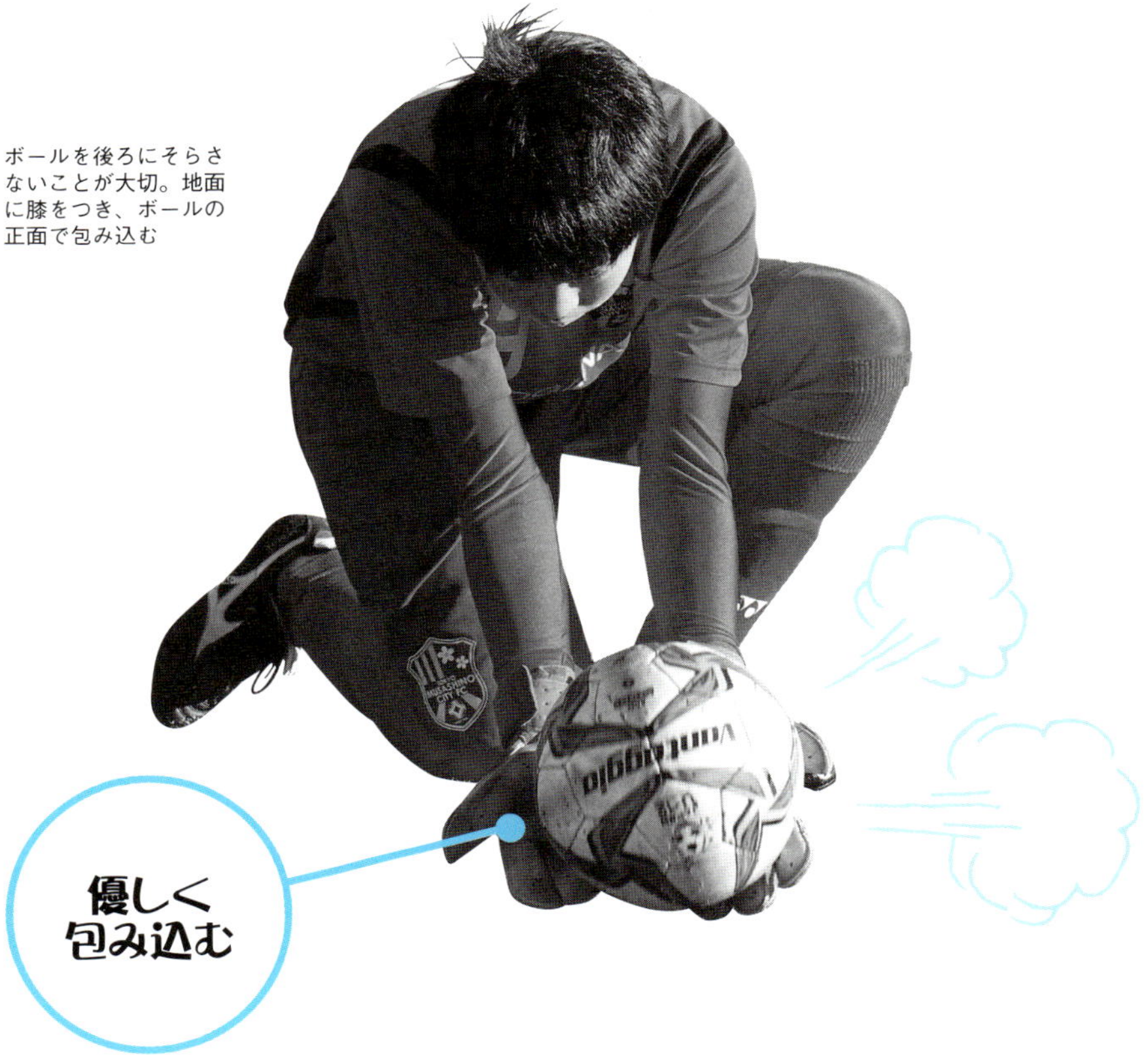

ボールを後ろにそらさないことが大切。地面に膝をつき、ボールの正面で包み込む

チェックポイント
安全第一を心がける

手の形をつくれたら、キャッチングを教えます。キャッチングは「体の正面でとる」のがセオリーです。ボールの正面に体を持って来て、三角形をつくってキャッチします。体の正面でキャッチに行っていれば、ボールをつかめなかったとしても、体に当たるのでミスの「保険」にもなります。

地面を転がって来る、もしくは低い弾道で飛んで来るボールは、股の間を抜ける「トンネル」に気をつけましょう。構え方は片足の膝を地面に着けて、股をボールが通らないようにします。そして、指の先を地面に着けて、向かって来るボールを優しく包み込んでキャッチします。

キャッチングのトレーニング

グラグラしない！

コーチにボールをパンチしてもらう。ビクともしないぐらいしっかりつかもう

パンチングボール

行くぞ！
右パンチ！
左パンチ！

安本ポイント

パンチをされても動かないぐらい強く

キャッチングの基本はつかむこと。もし試合でボールを落としたり、そらしたりしたら失点につながります。だから、大切なのはしっかりつかむことです。つかんだ後にボールに力を加えられても動かないくらい、力強くつかみましょう。

振り向きキャッチ

安本ポイント

急なボールに反応する

この練習はGKに必要な反応とキャッチを同時に覚えるためのものです。シュートはどのタイミングで飛んで来るかわかりません。だから、どんなタイミングでボールが飛んで来ても正確にキャッチングするスキルを磨きましょう。

ボールに背を向け、腰をかがめて構える

コーチの「GO」という合図で振り返る

素早く構えてボールがどこに飛んで来るか見る

飛んで来たボールをしっかりキャッチングする

セービングを教えましょう

できるだけ前でセービングする

正しいセービングをすると、このようにボールを頂点に体が斜めになった状態になる

チェックポイント

できるだけ前で触る

自分の体から離れた場所に飛んで来たボールに対して、大きく体を伸ばして触るプレーがセービングです。私が子どもたちに言うのが「できるだけ前で触ろう」ということ。GK用語で「ボールにアタックする」と表現することもありますが、ゴールに向かって来るボールに対して、待って止めるのではなく、自分からつかまえに行くというイメージです。これによって、ボールを後ろにこぼしづらくなります。

✕ 悪い例

後ろでとる

後ろに倒れてしまうと、もしボールをこぼした時にゴールへ入ってしまう可能性があるため絶対NG

ボールから着く

ボールを先に地面に着けてしまうと、後から体が地面に着いた時に勢いあまってこぼす可能性がある

横から見ると

チェックポイント

正しい順番で地面に落ちる

セービング後の着地にも、正しいやり方があります。

地面に最初に着くのは「太もも」。次に「ボール」と「腕」が同時に着きます。この順番で地面に落ちると、太ももがクッションの役割を果たすため、高いところから落下しても衝撃が和らぎます。逆に、「ボール」から先に落ちると、体が地面に着いた時の衝撃が大きくなるので、ファンブルの原因になってしまいます。

GKを始めたばかりの子どもに対しては、最初はボールをつけずに体の動きを覚えさせて、徐々にボールをつけてGKのプレーを習得させていくのがオススメです。

セービングのトレーニング

跳びつきセービング

コーチがGKの斜め前でボールを持っている

そのボールに対してジャンプさせる

安本ポイント

まずは手で持ってフォーム確認

セービングの練習はフォームをつくることが大きな目的です。はじめから飛んで来るボールに対してトレーニングを行うとフォームの確認できないため、まずはコーチが手で持ったボールに目がけてセービングする練習をしましょう。

キャッチした瞬間にボールから手を離す

その後、地面への着き方を確認する

ゴールキックを教えましょう

遠くに飛ばせるように

助走の角度

○良い例

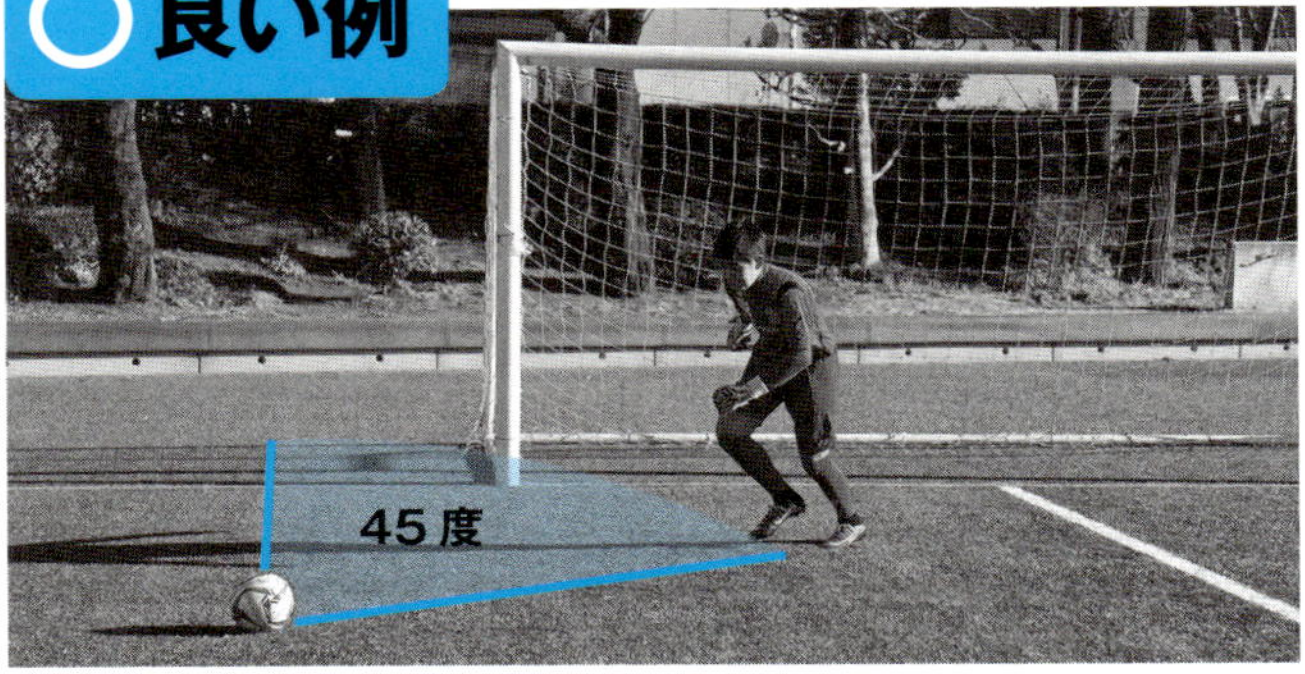

助走は少し斜めの方が全身の力をボールに乗せやすい

×悪い例

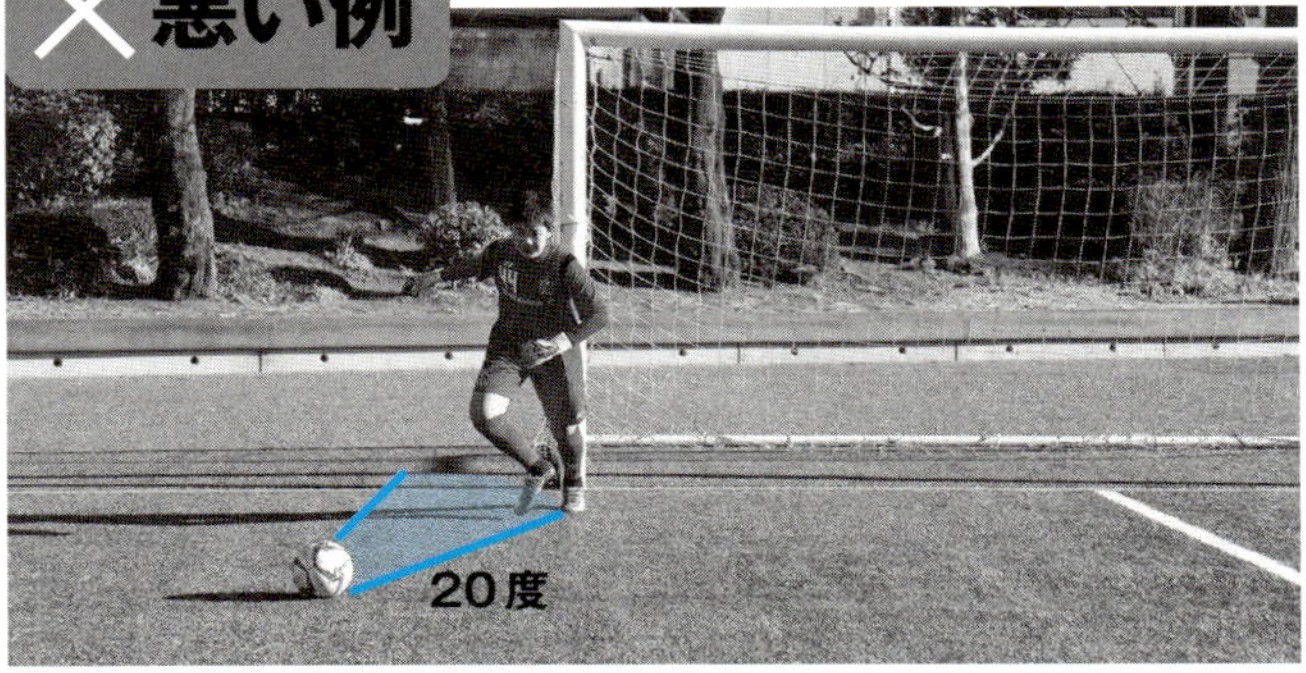

助走の角度を十分につけないと踏み込みが難しい

チェックポイント

助走の角度は斜め45度

ゴールキックを遠くに飛ばせなくて、悩んでいるというGKは少なくありません。キック力のあるフィールドプレーヤーに代わりに蹴ってもらうこともできますが、GKがしっかり蹴れるのがベストなので、遠くに飛ばす蹴り方を身につけましょう。

意外と大事なのは助走の角度です。ボールの真後ろではなく、斜め45度ぐらいの位置から入るほうが、スムーズに足を振り抜きやすく、ボールに力を乗せられます。

インステップで蹴る！

蹴り足を振り抜く

足首を寝かせてインパクト

グー1個分を空けて踏み込む

2～3m助走をとり勢いをつける

ボールを置くポイント

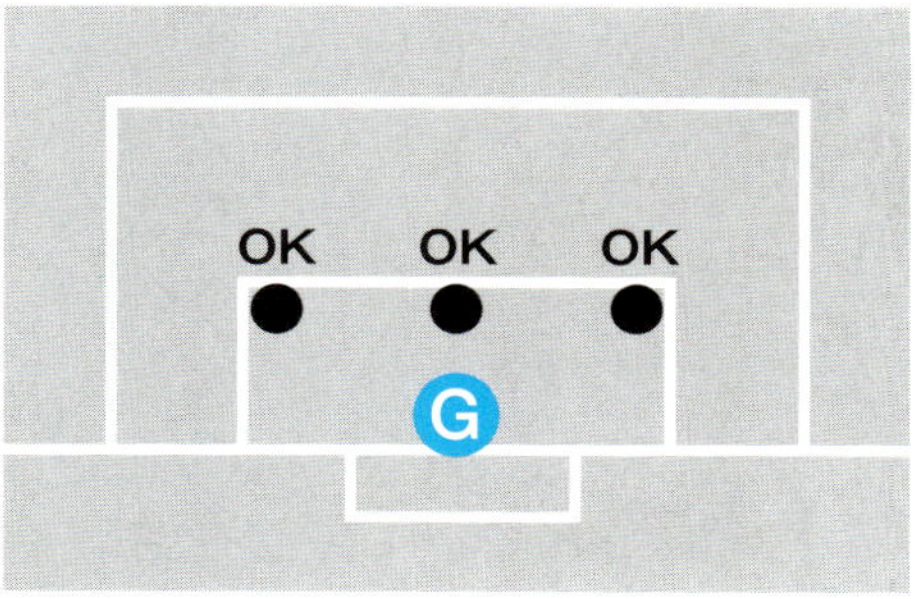

ボールはゴールエリアの角に置かなくてもいい

自分の外側に蹴る

蹴る方向はGKより外側に向かって

チェックポイント

混雑している中央エリアは避ける

ゴールキックは闇雲に蹴ればいいわけではありません。「どこに蹴るか」も大事なポイントです。

基本的にはボールを置いた位置よりも外側に蹴るようにしてください。対角線に蹴ると、思ったようにキックが飛ばなかった場合、中央のエリアで相手に拾われたらピンチになります。混雑している中央よりも、サイドを狙ったほうが良いでしょう。

また、ゴールキックの際にボールを置く場所はゴールエリアの中であれば、どこに置いても大丈夫です。左右の角に置くと、蹴る方向を相手に読まれるので、あえて真ん中に置くというパターンもあります。

パントキックを教えましょう

ライナー性のボールを蹴るために

パントキックは逆手でボールを持つ

蹴る足と反対の手でボールを持つ

チェックポイント

ボールを持つ手は蹴り足と反対の手

GKがボールをキャッチした後、手で持ってボールを蹴るのがパントキックです。

ポイントは蹴る足と反対の手、逆手（さかて）でボールを持つことです。利き足と同じ方の手でボールを持って蹴ろうとすると、ボールと足の距離感が窮屈になるので蹴りづらくなります。右利きだったら左手で持つことになるので、最初は違和感があるかもしれませんが、何度も蹴っているうちに慣れるはずです。

✕悪い例

右で持って右で蹴る

右手で持って右足で蹴ると足を振りにくいうえに、リズムがとれずボールに合わせにくい。この蹴り方だとボールは真上に飛んでしまう

チェックポイント

ボールを自分の前にトスするイメージ

パントキックを蹴るまでの流れは、手に持ったボールを空中で放して、そこに足を回し込んでインパクトするというものです。この時、大事なのはボールを放すところです。バレーボールでアタックを打つ前にトスをするようなイメージで、自分が蹴りやすいボールをトスしましょう。

パントキックのインパクトについては、ライナーがいいのか、高く上げるかによっても変わります。ライナーを蹴る場合は、ボールに対して足を真横から回し込んでインパクトします。高く上げる場合は、ボールの中心よりやや下をインパクトして浮かせましょう。

GK⑦

攻撃の起点になるために

スローを教えましょう

オーバースロー

アンダースロー

チェックポイント

スローを投げれば攻撃の起点になれる

手でボールを扱えるGKにとって、スローはしっかりと身につけておきたい技術です。キックに比べると、距離やスピードは出ませんが、正確性ではスローの方が上です。モーションも小さくて済むので、たとえば、GKがボールをキャッチして近くにいる選手に素早くつなぎたいという場面では、キックよりもスローのほうが適しています。正確なスローが投げられるようになれば、攻撃の起点になることができます。

✕悪い例

手の力だけで投げると山なりの軌道になる

棒立ちで投げるとボールに力が乗らない

腕の遠心力を使ってボールを狙ったところへ投げる

膝を曲げて地面を滑らせるように投げる

チェックポイント

2種類のスローを使い分ける

スローには大きく2種類あります。一つが遠くに投げるためのオーバースロー、もう一つが近くに投げるためのアンダースローです。

オーバースローでは全身で投げることが大事です。右手で投げるとしたら、左手を大きく回して、左足を前に踏み込んでから、ボールを持った右手を運んで来るという要領になります。

アンダースローはボーリングのように、低い姿勢から地面を転がすように投げることがポイントです。腰をちゃんと落としていないと、地面を転がせるようなボールにはなりません。

教えて、戸田監督！

2014年のダノンネーションズカップで、
横河武蔵野FCジュニアを世界一に導いた戸田監督。
育成年代のスペシャリストである戸田監督に、
指導者や保護者からの悩みをぶつけます。

教えて、

戸田監督！

Q サッカーコーチ初心者です。まず子どもたちに指導する時に心がけることは何ですか？

A

サッカーに限らず、基本的にジュニア年代の選手たちの指導において心にとどめておくべきことは、子どもたちが“サッカーが楽しい”と思える気持ちをどれだけ感じさせてあげるかです。私の場合は、「子どもたちができたことを褒めてあげる」ように意識しています。これが一番大切なことだと思っています。そうやって子どものやる気を起こすことで「次はこれもやってみよう」、「こうしたらもっと良くなるよ」と、次にこちらが前向きに促す言葉に反応できるようになるんです。「これがダメだ」、「もっとこうしろ」と言われたら子どもたちは自分のプレーを否定されているように感じます。肯定してあげるようにしましょう。

Q

子どもたちをやる気にさせい のですが、どうしたらいいのかが全然わかりません。

A

まず、子どもたち一人ひとりをじっくりと見てあげてください。初心者コーチの方でよくありがちなのが、少しでも良くないところを見つけると、すぐに「こうした方がいい」とミスを指摘してしまったり、「こうしようか」と答えを口にしてしまうことです。子どもはできないから自分なりに試しているわけです。「なぜできないのか？」と考えているところだから指導者はじっくり待ち、何かをつかむまで観察してみてください。子どもたちの顔を見ていれば表情に表れます。その時に“うまくできたこと”を言葉に出してあげたら、きっと気持ちがのってくるでしょう。「もっとやりたい」と思う心をくすぐるような言葉をかけてあげることが大切です。

教えて、

戸田監督！

Q

私はサッカー経験者ではありません。だから、どう教えたらいいのかがわかりません。

A

指導者の中にはサッカー未経験者の方もたくさんいらっしゃいます。私はそういう方々にアドバイスを求められた時、「一緒になってサッカーをやってみましょう」と伝えています。そうすれば、どうすればいいのかコツがわかります。サッカー経験者であっても、教えるということに関してはみんな未経験です。だから、何も追い目に感じることはありませんし、一緒にプレーしながら自分も成長すればいいと思うんです。むしろサッカー未経験なのに偉そうなことばかりを言うよりは「子どもと一緒にプレーのコツを発見した」方が彼らも楽しめるはずです。そもそもサッカーができないことはすぐバレるので、オープンマインドで一緒にプレーを楽しんでみましょう。

Q

子どもが成長する瞬間があると思うのですが、未経験だからわかりません。ポイントはありますか？

A

それは確かに難しいことですね。自分からやろうとしていることを見逃さないことだと思います。自主的にやろうしている時は何かをつかもうと必死にトライしているタイミングか、何かをつかんでもう一度同じことをしようとしているタイミングかどちらかです。成長は指導者が“させる”ものではなく、選手が“勝手にする”ものなので、我慢強く優しく見守ることがポイントではないでしょうか。試合で使えるテクニックは自分で「このプレーが得意だ」と思ってさらに磨いて習得していくものですから、指導者にああしろこうしろとやらされても「得意だ」と感じられません。成長する瞬間を見つけるというよりは「楽しい」と感じさせ続けたらいいと思います。

教えて、戸田監督！

Q たくさんの技術があるとどれからマスターすればいいのかわかりません。やはり順番がいいですか？

A

サッカーのテクニックを覚えるのに基本的には順番はありません。子どもが楽しいと思ったテクニックの項目があればそれからどんどんやっていけばいいんです。ただ一つ言えるのは、一つずつ完全にマスターして次の項目に進むのではなく、マスターできなくても「難しい」と割り切って次の項目に進み、幅広くいろんなことをやることの方が大事だと思っています。順番にマスターするというよりは“できることを増やす”という考え方で、できない項目があれば飛ばして次にトライしてみましょう。そこでシュートが好き、ドリブルが好きと発見できる可能性があります。そうすればそこから一つずつ好きなプレーをマスターし、得意なプレーも見つけられるかもしれません。

東京武蔵野シティFC

創部は1939年と現在のJFL加盟チームでは最も古い歴史を誇る。78年に関東リーグ昇格。93年以降は、全国社会人サッカー選手権や関東リーグで優勝を重ねるなど確かな実力を身につけ、99年には新JFLへの昇格を果たした。2003年より横河電機（株）の社内同好会から離れ、地域のクラブチームへと運営体制を変更し、クラブ名も「横河武蔵野フットボールクラブ」に改称。16年から本格的にJリーグ参入を目指し、「東京武蔵野シティフットボールクラブ」とクラブ名を変更し、日本サッカー界に新たなモデルケースを提示すべく、クラブ運営にも選手・スタッフ一丸となって全力で取り組んでいる。

東京武蔵野シティ FC U-15

横河武蔵野FCジュニアチームからの昇格者とセレクションに合格して入会した中学1年〜3年生約75名で活動する。2017年より関東ユース（U-15）サッカーリーグ（2部）に所属し、卒業生の多くがJリーグアカデミークラブをはじめ東京武蔵野シティFC U-18や他クラブ、高校で活躍中。また、1年生は関東ユース（U-13）サッカーリーグ（1部）、2年生はJリーグU-14メトロポリタンリーグに所属し、強豪チームとのリーグ戦を通じて、たくさんの経験を積んでいる。

横河武蔵野 FC サッカースクール

幼児から小学6年生までのサッカースクール、スクールの代表チームであるジュニアチーム、会員総数約500名が在籍する。
・武蔵野スクール（横河電機グラウンド）
・小平スクール（FC東京パーク小平天神）
・ゴールキーパースクール
http://www.yokogawa-ypk.co.jp/soccer/school/

監修者

安本佳太（やすもと・けいた）

1983年6月30日生まれ。東京武蔵野シティフットボールクラブU-15コーチ（GKコーチ兼任）

戸田智史（とだ・さとし）

1976年8月19日生まれ、東京都府中市出身。2002年より、横河武蔵野FCスクールコーチ、ジュニアユースコーチを歴任し、08年よりジュニア監督。09年、14年に全日本少年サッカー大会で全国大会3位。14年11月にブラジルで開催された、FIFA公認のU-12の世界一を決める国際大会であるダノンネーションズカップに日本代表監督として出場。日本のチームとして初めて世界一に輝く。16年より東京武蔵野シティフットボールクラブU-15の監督を務める。

撮影協力選手

東京武蔵野シティFC U-15
（左側2番目から）
GK　小山飛来（こやま・ひらい）
FP　森田湧正（もりた・ゆうせい）
FP　保坂翼（ほさか・つばさ）
FP　肥田木翔海（ひだき・しょうま）
FP　柴田玲樹（しばた・れいじゅ）
GK　伊藤旋太（いとう・せんた）

STAFF
編集　北健一郎
岡田圭佑（実業之日本社）
構成　木之下潤
写真　松岡健三郎
本文デザイン　坂井図案室
カバーデザイン　柿沼みさと

パーフェクトレッスンブック
サッカーの教え方、教えます！

著　者　戸田智史《とださとし》
発行者　岩野裕一
発行所　株式会社実業之日本社
〒153-0044　東京都目黒区大橋1-5-1 クロスエアタワー8階
[編集部] 03-6809-0492　[販売部] 03-6809-0495
実業之日本社ホームページ　http://www.j-n.co.jp/

印　刷　大日本印刷株式会社
製本所　大日本印刷株式会社

ISBN978-4-408-02616-9（アウトドア）

1705（01）